LIBERDADE
Fato ou ilusão?

Clóvis de Barros Filho
Gustavo Dainezi

LIBERDADE
FATO OU ILUSÃO?

Principis

Esta é uma publicação Principis, selo exclusivo da Ciranda Cultural
© 2022 Ciranda Cultural Editora e Distribuidora Ltda.

Texto
© 2022 Clóvis de Barros Filho
© 2022 Gustavo Dainezi

Editora
Michele de Souza Barbosa

Preparação
Luciana Garcia

Revisão
Fernanda R. Braga Simon

Produção editorial
Ciranda Cultural

Diagramação
Linea Editora

Design de capa
Ana Dobón

Dados Internacionais de Catalogação na Publicação (CIP) de acordo com ISBD

F481l	Filho, Clóvis de Barros
	Liberdade: fato ou ilusão? / Clóvis de Barros Filho ; Gustavo Dainezi. - Jandira, SP : Principis, 2022.
	192 p. ; 15,50cm x 22,60cm.
	ISBN: 978-65-5552-761-2
	1. Autoajuda. 2. Liberdade. 3. Ensaios. 4. Discussão. 5. Atualidade. 6. Reflexão. I. Dainezi, Gustavo. II. Título.
	CDD 158.1
2022-0633	CDU 159.947

Elaborado por Lucio Feitosa - CRB-8/8803

Índice para catálogo sistemático:
1. Autoajuda : 158.1
2. Autoajuda : 159.947

1ª edição em 2022
www.cirandacultural.com.br
Todos os direitos reservados.
Nenhuma parte desta publicação pode ser reproduzida, arquivada em sistema de busca ou transmitida por qualquer meio, seja ele eletrônico, fotocópia, gravação ou outros, sem prévia autorização do detentor dos direitos, e não pode circular encadernada ou encapada de maneira distinta daquela em que foi publicada, ou sem que as mesmas condições sejam impostas aos compradores subsequentes.

A você que marcou para sempre e a você que está para chegar e já mudou tudo para sempre.

GUSTAVO DAINEZI

Sumário

Prefácio 9

Capítulo de advertência 11

Capítulo 1 – Alumiados a meias 15

Capítulo 2 – 38 na cabeça 19

Capítulo 3 – Já escolheu sua imperfeição de hoje? 26

Capítulo 4 – Sai da frente, olha a sombra! 31

Capítulo 5 – Vontade sufocada 39

Capítulo 6 – Átomos que caem na diagonal 43

Capítulo 7 – Catar coquinho 52

Capítulo 8 – Fogo da liberdade 56

Capítulo 9 – Bosta de esconderijo 65

Capítulo 10 – Entre dedos e caracóis 73

Capítulo 11 – O vizinho do Badaró 79

Capítulo 12 – Toro raivoso 84

Capítulo 13 – Marcando a data 90

Capítulo 14 – Cárcere e campo 99

Capítulo 15 – Lobo de si mesmo 108

Capítulo 16 – Gás ou silicone? 114

Capítulo 17 – Terêncio para senador 121

Capítulo 18 – Muletas ao chão, adoradores da terra 131

Capítulo 19 – Feios, sujos e desapegados 140

Capítulo 20 – Na Califórnia é diferente 147

Capítulo 21 – O ringue da humilhação 158

Capítulo 22 – A má-fé e o seu contrário, Antônio 165

Capítulo 23 – Saltitar esperançoso do rebanho 169

Capítulo último – Encha a casa de divertidos convidados,
                o tempo que puder! 184

Prefácio

Sou mulher, preta, pobre e fui mãe solo por alguns anos. Sofri na pele e na alma, com a mais profunda intensidade, todos os males que esses estigmas carregam em si. Desde estupro, agressão e exploração a abandono e violência psicológica. Sempre foi muito difícil estar viva e por muitos anos acreditei que era minha responsabilidade todo aquele sofrimento. Não tinha noção do peso da sociedade, da cultura, das classes sociais e do porquê de tantos fatores externos me atacarem só por eu ter nascido.

Em 2014 eu passei o Natal e o Ano-Novo fazendo o curso do professor Clóvis que estava disponível no Espaço Ética (guardo o certificado com muito orgulho), sozinha e sem perspectiva de vida. Mas, com aquele curso, eu consegui enxergar que existem forças muito maiores que movem o mundo e também que, há séculos, as pessoas se questionam e pensam sobre como a vida pode e deve ser boa. Eu entendi que posso escolher onde colocar minha atenção, meus hábitos e meus sentimentos. Entendi também que sou responsável por mim e não pelo que fizeram comigo e, finalmente, que sou livre para deliberar sobre a minha vida, apesar das marcas históricas que carrego sem nem mesmo ter escolhido por elas.

Tatuei em 2018 a palavra Liberdade, nesta cor próxima à cor das minhas veias e no pulso como símbolo que troca as algemas pela palavra. Foi neste ano que consegui ressurgir de dentro de mim, e minha fonte de inspiração sempre foram as belas palavras do professor Clóvis. Ele disse tantas e tantas vezes "fica bem" que eu fiquei!

Camila Santos

Capítulo de advertência

– Tudo isso, fora o glamour.

Com esse item, muitos clientes e até amigos costumam arrematar a lista das vantagens de "ter virado palestrante". Dissipação definitiva de toda eventual dúvida.

Impossível negar ou dissimular. Havia tirado a sorte grande. A Divina Providência me guiara com holofotes náuticos. E o acaso, em rara concórdia entre suas caprichosas variáveis, decidira, por fim, dar uma força, enfileirando surpreendentes impactos alegradores.

* * *

"Glamour" já teve sua glória. Seu próprio glamour. Hoje ocupa a tumba 442 da ala norte do cemitério das palavras.

Até que, muito de vez em quando, algum incauto desatualizado aposta suas fichas no estrangeirismo de pequeno porte e o ressuscita. Seja por conhecer bem as gentes do auditório e intuir o que lhes faz bem à alma, seja para salvar frase de pouca relevância e não perder a fluência buscando um sinônimo menos antigo.

Na falta de algo melhor, vai "glamour".

* * *

– Todos sonham com uma vida assim glamourosa como a sua!!!

Quando, pela enésima vez, alguém solta uma dessa, a personagem que incorporo antes e depois do palco meneia a cabeça, vertical e curtinho. Para não danificar mais a cervical. É a síntese de uma vida inteira, em corriqueira cena de enfado, na representação de mim mesmo para o teatro da vida cotidiana.

Acompanha o gesto um "ã-hã" de confirmação. Com zero de autenticidade e 200% sisudo, para não dar brecha à ironia.

* * *

Os primeiros parágrafos de grandes obras de literatura são sempre arrebatadores. Rompem espetacularmente a inércia narrativa, inauguram um mundo fictício que não existia antes, situam o leitor ante o que está por vir e indicam, desde as primeiras palavras, a excelência daquela construção literária.

O que você leu até aqui também dá o tom: deixa você na mesma, como se nada tivesse lido, não cria um universo ficcional, não te dá ideia alguma do que está por vir e indica a indigência literária que te acompanhará ao longo das páginas.

Bem. Se o leitor quisesse boa literatura, teria comprado Stendhal, Céline, Tchekhov ou Rubem Braga. As obras desses autores exigem imensa atenção a como se manifestam, tanto quanto ao que dizem.

Já entre nós, você não precisa se dar esse trabalho. Pode ir direto ao assunto. Como quem lê um artigo sobre o desgaste do solo por cultivo sem descanso no interior do Maranhão. Ou ainda uma reportagem policial cobrindo estupro de anciã em manicômio.

No mundo dos livros, como em todos os outros, apostar no desconhecido pode até dar certo. Mas o nosso título jogou limpo com você: como ralar a vida inteira sem sair do lugar. Na troca da autoajuda por autocomiseração, para a qual você não precisa de lição alguma, sobrou o que talvez importe ainda menos. A liberdade. E algumas histórias a respeito.

Liberdade: fato ou ilusão?

Não foi por falta de aviso. Sabe quando alguém pisca um olho só, fazendo até careta, para te alertar de uma roubada? Então, foi esse o nosso intuito. Só não fomos além, desaconselhando mais explicitamente a leitura, para não entristecer a editora, por quem também temos apreço.

* * *

Sempre me perguntei como se sentem os que alcançam a glória. Um reconhecimento endeusado. Celebridade de todo mundo, de todo dia.

Livres? Certamente. Afinal, sobejamente autorizados, podem fazer o que bem entendem. Sem pedir licença alguma. Digo, na esfera criativa de seus ofícios.

Escravos? Tanto quanto livres, ou mais. Vítimas de uma excelência traduzida em expectativa. De uma disponibilidade presumida a todo tempo e lugar. De intimidades unilaterais fantasiadas pelo fã.

* * *

Pobre do pianista ídolo do público, isolado como um náufrago diante do mar negro em plateia, enfrentando o piano polido, apelando para os dedos hábeis, mas de carne, osso e tendinites, como os demais dedos do mundo.

Triste craque de futebol que enfrenta o gramado, a capacidade sempre temível do adversário, as incertezas do jogo, a esfericidade traiçoeira da bola e a reação implacável da massa que o assiste.

E, claro, bendito escritor consagrado, com a folha de papel em branco diante de si: sabem lá o que é desespero de não poder inventar, a agonia de se sentir fracassar.

A mente vazia, sem riqueza de ideia, sem desenho de forma, poço seco onde só há areia e pedra... E assim mesmo o relógio correndo, espírito contra a parede, em luta consigo mesmo por um fiapo de frase... E não qualquer frase. Angústia.

Sim, passado o momento decisivo da criação, há o aplauso, o dinheiro, o renome, a consagração... até a liberdade...

"Mas é com o velho corpo que se paga", lamentava o velho Clóvis de Barros, "quando a cabeça não presta". E quando presta também, ouso acrescentar.

Para lembrar uma querida cearense:

– Isso quando também a alma não vai de roldão.

* * *

Logo, é possível sentir-se livre e escravo. Na mesma situação. Pela mesma causa. E quase ao mesmo tempo.

Pondo na balança, melhor deixar do jeito que está. Decair, impossível, quando já se mora no térreo. E comprar pão na padaria sem ter que saudar desconhecidos a cada passo, permissão libertadora que só o anonimato profundo chancela em três vias.

Capítulo 1

Alumiados a meias

Era mais um dia desses, de glamour. Com despertar, às 4h20, solicitado pessoalmente na recepção e recomendação chorada de quem não poderia perder o primeiro voo, de jeito nenhum.

O hotel ficava – e talvez ainda fique – na Avenida Afonso Pena, de BH. Cidade com amor de doce de leite.

Havia um café de ontem à disposição dos madrugadores. No salão – bem protegido por quatro pilares zelosos de robustez –, as moscas pareciam se divertir escapulindo de espíritos desinformados. Era muito comum por ali. Acertavam o hotel, mas ignoravam o quarto dos hóspedes a visitar.

Era preciso aguardá-los na recepção. E abordá-los no saguão mesmo. A caminho do táxi. Na porta giratória, quem sabe.

Se a regra de manual para entes imateriais sempre impôs encontros com corpos de carne e osso longe de seus domicílios – sabidamente, o vuco-vuco familiar oblitera os canais de acesso ao suprassensível –, o entra e sai dos viajantes tampouco aguçava sensibilidades de segundo grau.

* * *

Como havia quitado minhas contas na noite anterior, logrei passar sem ser notado, no vazio pacato dos adormecidos, em meio à distração entretida de espíritos e moscas.

– Se o senhor quiser, tem um cafezinho ali na cafeteira.

Gentil o moço do *check-out*. Mas o café, esse é velho conhecido. Entre os vinte piores de uma trajetória que já se conta em década, com eventos corporativos diários.

– Para Confins? Temos o táxi executivo do hotel. O preço é o mesmo do normal. E o senhor viaja mais tranquilo.

Fiquei curioso sobre a natureza da intranquilidade com que ele me ameaçava. Mas o torpor sábio do despertar recente trouxe lucidez e silêncio.

Na concordância tácita de quem aquiesce sem nada dizer, em poucos minutos a bordo o centro da cidade já se exibia, todo sujo do vidro do carro e nu retinto, de criança que passou a tarde brincando na lama da chuva.

* * *

Num mundo de controle – onde a vida é observada, no ponteiro dos segundos, em olhar estendido, que zela por 40 lugares diferentes na telona da portaria –, com políticas de segurança sempre mais opressivas, aquele instante de exceção, na passagem urbana em orvalho enevoado, de breu implacável e ausência aparente de fiscal, trouxe-me grande sensação de liberdade.

Tão sentida que acabei me dando conta. O que nem sempre acontece, claro. Ocasião privilegiada para conhecer-se melhor.

Se há algum "eu" em mim, ele aparece quando, em face desse ou daquele fragmento de mundo, sente isso ou aquilo e se dá conta. Toda vez que consigo dar em mim um flagrante é pela sensação que chacoalha em ruptura, por obra de um mundo que afeta.

* * *

Liberdade: fato ou ilusão?

As lojas de rua, típicas da região central de nossas capitais, desafiam – com seu jeito decadente de letreiros alumiados a meias e lâmpadas queimadas – as tendências do consumo que distinguem.

Para muitos especialistas, não vão além de resquícios retardatários e anacrônicos de toda transição inexorável. Espécie em vias de extinção. Com hora marcada para o último suspiro.

* * *

Na lógica inexorável de um capital que circula, afoito para se aninhar em mãos cada dia menos numerosas, é hora de inventar um nome novo para novas loucuras.

Afirmações de empáfia, que sentenciam sobre um futuro cada dia mais iminente. Escoradas em leis econômicas apresentadas como objetivas e naturais. Como a da gravidade. Enunciadas por cientistas do dinheiro, supostamente neutros e comprometidos só com a verdade.

Lembro que esses porta-vozes do amanhã – sob os holofotes televisivos de maior prestígio, alinhados em indumentária, gestos comedidos e tonalidade linear, em respeito estrito a uma estética da racionalidade, falando sempre sobre o que não é ainda – raramente são confrontados pelo que efetivamente vem a ser um outro mundo diante de suas previsões.

Quando o amanhã vira hoje, um outro amanhã ainda se esconde no horizonte. Cujos teor e substância também cobram ansiosa antecipação. Por ela, paga-se fortuna aos bruxos da vez. Enquanto isso, o hoje, que só preenche algumas poucas almas sábias, de tão ligeiro e estrangulado, já surge parecendo ontem.

Se você prevê ao acaso um desfecho com duas alternativas, sua chance de acertar é de 50%. Esses, ancorados em seus nobres saberes, erram sempre. Quase sempre. Lembram muito os meteorologistas de quando eu era criança.

Que erravam também, quase sempre.

* * *

O meu pai me levava a Santos. Viagem de ônibus que começava no sábado, bem cedo, e terminava no final do dia, subindo a serra de volta.

Para mim era o paraíso, com sol, nuvens ou mesmo chuva. Já o velho Clóvis, na sexta-feira, fazia questão de se informar sobre o tempo. Quando a previsão era negativa, fazia cara feia e ameaçava adiar o passeio.

Eu, então, argumentava:

– O senhor mesmo sempre diz que eles erram toda hora! Vamos mesmo assim! Ele não pode nos impedir.

O erro do homem do tempo era a condição da liberdade de "ir mesmo assim". Uma certeza sobre a incerteza de que tudo poderia acontecer. E, portanto, de que sempre valia a pena arriscar. De que valia a pena viver.

Porque só o incerto é mágico e libertador.

Se não errassem nunca, restaria a escravidão que todo implacável impõe, sem dó de quem se divertia num bate e volta de ônibus a Santos, debaixo de chuva, levando as iguarias de casa.

* * *

A resistência dos comerciantes, com suas lojas de neons deselegantes – naquele instante em que os porta-vozes do inexorável mundo novo ainda dormiam – reforçou minha estranha sensação de poder fazer, agir, viver, em suma, como bem me desse na veneta.

O ato desses pequenos proprietários, muito mais importante do que lhes parece, afirma um sentimento de confiança, um propósito de contribuir para que todos nós, residentes e transeuntes, recuperemos um pouco da beatitude perdida.

Quem pinta hoje a fachada da sua sapataria antiga, mantendo suas vitrinas, em vez de negociar-lhe a demolição, cumpre uma cláusula do contrato social, observa a boa lição urbanística e, dentro do rito milenar, satisfaz essa velha tendência do homem a aformosear o quadro de sua existência.

Capítulo 2

38 na cabeça

No caminho, o motorista queria papo.

Como não dei conversa de imediato, contentou-se com um monólogo de mais de meia hora. Quase tudo ruído. Som de voz humana sem significado. Aqui e acolá uma frase vencia os escudos da minha meditação quase adormecida.

– Se o mundo está como está, isso é falta de Deus no coração das pessoas.

Imaginei que se referia a um Deus transcendente, único, onipotente, onisciente e criador dos céus e da terra.

Poderia, talvez, ter na cabeça um divino que se confundisse com o próprio mundo. Feito de causalidades materiais, de forças e energias. Mas, certamente, não era o caso. Até porque esse último nunca falta. Não poderia faltar. Afinal, o mundo é o que é. Se o divino é o próprio mundo, também só pode ser o que é. E nunca ser o que não é. Excluindo toda falta.

Poderia, quando muito, fazer falta para algum de nós. O que é outra coisa. Quando o real é contrastado com alguma de nossas representações. Com expectativas, conjecturas, pretensões, desejos. Afinal, poderíamos desejar que este mundo fosse de outro modo. Nesse caso, o mundo que não é exatamente como gostaríamos que fosse faria falta para quem o deseja diferente.

E Deus também.

Mas o Deus do motorista é outra história. É o criador dos céus e da terra. Da física e da metafísica. E, portanto, é-lhe exterior. Transcende ao mundo. Embora esteja no meio de nós, não se confunde com nada deste mundo. Não é a cadeira. Não é o cachorro, não é a escova de dente. Nem mesmo se confunde conosco, que fomos feitos por Ele apenas à sua imagem e semelhança. Para ser semelhante, é preciso ser diferente. Pois apenas o igual é igual. E aí é o mesmo, e não outro.

Deveria ter-lhe respondido que o seu Deus – não direi aqui nosso Deus por respeito às convicções do leitor, que não conheço –, sendo onipresente, não pode estar ausente. Em lugar algum. Portanto, também não pode faltar.

Nesse caso, como no anterior, o erro é sempre de avaliação. Deus está sempre presente. Em todos os lugares. O homem é que nem sempre se dá conta.

Como estava na tangência do sono, num limiar esquisito com muitos tons de cinza, fiquei quieto sem saber quanto tempo durou meu silêncio.

* * *

Mas a observação do motorista indicava um pedido de socorro. Uma carência. De algo que vai além do mundo e da matéria.

Em grego, para tudo que "vai além" de alguma coisa, usa-se o prefixo "meta".

Por exemplo: lembro de um tal de metatarso, provavelmente porque vai além do tarso, que é a parte superior dos pés. Da mesma forma, a expressão "metalinguagem" indica o que vai além do que foi expressamente enunciado. E "metafísica", o que vai além da natureza, da física, da matéria e, por que não, das certezas científicas sobre ela.

Se falta Deus no coração dos homens, há carência de metafísica.

* * *

Nessa última encontramos Deus e tudo que é eterno. O pré e o pós-vida. Céu, inferno, o centro de distribuição de almas. Encontramos o discurso

Liberdade: fato ou ilusão?

divino. A Palavra. As Sagradas Escrituras. Verdades e certezas "reveladas". Com seus bem-aventurados. Seus escolhidos *a priori*. Seus agraciados. Seus salvos, porque sim.

Encontramos também a constituição "natural" do homem, da mulher – que compreende tudo que se apresenta como genericamente "humano", próprio de uma "natureza humana".

São os ídolos. Que estariam, para muitos, no seu crepúsculo. As construções humanas que rebaixam os valores da terra e suas forças vitais.

* * *

Alguns exemplos sempre caem bem. Amenizam o impacto ressecado de algumas abstrações.

O *Kosmos*. É a própria *physis*. A natureza física sem tirar nem pôr. Mas seu ordenamento, perfeição, encaixe, tudo isso vai além dela própria. Obedece a leis não escritas, mas absolutas e totais. O *Kosmos* é, portanto, metafísico. Tanto que estabelecido por Zeus. E a existência de cada uma de suas partes é metafisicamente ordenada na física do todo universal.

A moral, com sua genealogia na manifestação reativa do homem. Com seus princípios que pretendem universalidade. Com seus imperativos categóricos. Com sua boa vontade, fonte de tudo que vale de verdade.

A ciência. Com seus protocolos aplicáveis por qualquer um. Com seus resultados alcançáveis por qualquer um.

Os direitos humanos. Que vão além de você, de mim, da Giselda, da Ernestina, da Greta, da Gumercinda e do Avelino.

Usinas de discurso metafísico sobre o mundo e sobre o homem coabitam. Hoje e sempre. As instituições religiosas, a comunidade científica, a espiritualidade laica.

O que teriam em comum?

A pretensão de um conhecimento e validade absolutos.

* * *

– Sou contra esse negócio de muito remédio. Onde há Deus, doença nenhuma entra. Só se for da vontade Dele. E aí, meu amigo, remédio nenhum segura.

A reflexão tem duas consequências: primeiro, ajuda a criar conformidade diante de uma das maiores violências e incompreensões que a mente humana é forçada a encarar: sobreviver à morte de um ente querido. Se foi Deus que matou e Ele é infinitamente mais poderoso que nós, resta que nos conformemos, pois contra Ele não podemos nada.

Segundo, arrisca transformar Deus no maior genocida da história, pois, se cada pessoa que morre o faz pela vontade de Deus, localiza-se aí a intencionalidade e, portanto, a responsabilidade. Mas a teologia nos salva desse enrosco. Pois remove de Deus qualquer perspectiva de liberdade. Se Deus é perfeito, ele está absolutamente constrito à regra da perfeição. Esse Deus não é livre para agir. Qualquer liberdade que queira exercer só poderia afastá-lo da perfeição, o que atenta contra a sua própria existência. Sendo assim, se esse Deus faz com que alguém morra, Ele é obrigado a fazê-lo. Logo, não é responsável por aquilo que chamamos de "sua vontade". Porque não há vontade quando a única opção é agir de acordo com a perfeição e porque, para haver responsabilidade, é preciso haver deliberação, vontade e escolha livres. Dessa forma, esse Deus também não pode querer livremente que uma doença entre ou não em alguém.

Os deuses gregos, por sua vez, e para que entendamos a coisa por comparação, não estão amarrados à perfeição. Nem à onipresença, nem à onisciência, o que faz da mitologia grega um ininterrupto *podcast* de fofoca, intrigas, traições, fodelanças e *otras cositas más*. São tudo isso porque são livres. E também responsáveis por tudo que fazem e todos que matam, torturam, transformam e fecundam. São deuses terrenos, físicos, a tal ponto que suas moradas ficam na terra.

Da mesma forma que o Deus do motorista, a Declaração dos Direitos do Homem e do Cidadão foi apresentada como metafísica, isto é, portadora de uma verdade universalmente válida para cada intelecto humano, desde o seu primeiro instante de vida, independentemente de qualquer contexto

Liberdade: fato ou ilusão?

material, espacial, social, econômico ou qualquer outra coisa que se possa imaginar.

Claro que as revoluções que bradaram por direitos humanos universais, em oposição a outros entendimentos, não o fizeram só por amor à verdade universal daqueles princípios. Os grupos que saíram em sua defesa – e se deixaram convencer da sua validade – deles se deram conta a partir da sua condição de excluídos.

* * *

Com o triunfo da nova verdade universal, institui-se um novo dentro e um novo fora. Com seus novos incluídos e excluídos.

Até se processar a desejada anulação das diferenças sociais – diferenças que se têm reduzido pouco, antes se transformaram em novas modalidades, como nos países ditos revolucionários –, e, em nome mesmo dessa anulação, os seres humanos se separam cada vez mais. Em compartimentos incomunicáveis.

Discriminamo-nos cada vez mais. Tão furiosa e meticulosamente que não só roupas, casas e ruas, mas também linguagens e sentimentos, costumes, impulsos vitais tornam-se específicos.

Dá-se então que a luta de classes, posta a serviço de uma ideia de fraternidade universal, evoluiu curiosamente a ponto de excluir a noção mesma de liberdade.

* * *

– Aí chegam esses caras dos direitos humanos para defender bandido. E nós, doutor, e nós, que trabalhamos de madrugada? Pra nós não tem direitos humanos. Pra nós é 38 na cabeça e pode sair do carro agora, com as mãos pra cima!

– O homem em geral não deveria ter direitos?

– Bandido, não. E não é só bandido. Tudo que é vagabundo. Olha essa juventude. Sem freio. Completamente solta. É só droga e sexo. Não querem nada com nada. Trampo duro, nem pensar. Geração "Nem-Nem". Excesso de liberdade dá nisso. Tem que entregar uma enxada pra cada um e pronto. O senhor não acha?

– Não. Não acho.

– Mas isso aqui virou uma várzea! Cada um faz o que quer!

– Não é Deus que dá liberdade ao homem?

– Liberdade pra fazer safadeza, claro que não.

– Mas se não é Deus, quem é?

– Tem muitos que já vêm estragados de fábrica, doutor. Não tem o que fazer. Ficam nas costas dos outros e acham que tá tudo certo. Não conseguem ter nada.

– Deus não poderia colocá-los no bom caminho, já que tudo pode?

– Deus deu o livre-arbítrio ao homem para viver segundo suas leis, se ele quiser. O mau vem a partir daí, doutor. As pessoas usam o livre-arbítrio que Deus lhes deu para a safadeza.

* * *

– Mas então foi Deus que deu a liberdade ao homem!!! Você disse que não tinha sido Ele.

– Deus deu o livre-arbítrio para o homem seguir a Sua Palavra.

– Não entendo. Não vejo liberdade alguma. Se ele quiser viver na safadeza, agir de modo safado, ele não pode?

– Poder, pode. Mas aí se afasta de Deus. Ele se desgarra.

– Quer dizer que, ao dar o livre-arbítrio ao homem, Deus corre um risco de perdê-lo? Por que, então, dar ao homem a chance de agir mal?

– Porque o fez livre.

– Por que o fez livre?

– Porque o fez à Sua imagem e semelhança. E Deus é livre por demais.

– Liberdade é para fazer o que se quer?

– É, sim, senhor. Mas nem tudo.

– Tem coisa que você quer fazer e não faz?

– Vixe. Isso é o que mais tem.

Liberdade: fato ou ilusão?

* * *

– Deus não te fez livre?
– Fez. Mas também me deu tutano para saber o que Ele quer que eu faça. E o que não quer. É o pecado.
– Ele poderia ter criado um homem que obedecesse a ele e pronto.
– Nesse caso, não nos teria feito livres como ele.
– Deus já sabe o que vamos fazer? Digo, por antecipação? Ou ele pode se surpreender com as nossas decisões?
– Deus sabe tudo. Não se surpreende com nada.
– Então ele já sabe por antecipação o que vamos fazer da nossa vida!
– Claro que sabe.
– Sabe o que vamos decidir e como vamos agir a cada passo?
– Claro que sabe.
– Mas isso não tira a nossa liberdade? Afinal, se ele já sabe, então só poderemos agir de acordo. Não temos escolha. A solução já está dada.
– Não, senhor. Ele sabe o que vamos livremente escolher. Mas isso não tira a nossa liberdade no instante dessa escolha.
– Se agimos de acordo com a vontade de Deus?
– Somos premiados.
– E se formos contra?
– Seremos castigados.
– Como saber o que Ele quer para nós?
– Converse com Ele. Ele iluminará seu caminho.

* * *

De fato. Enquanto conversávamos, os primeiros raios de sol foram aparecendo. *God rays*, dizem os fotógrafos. Só os raios. Luz indireta, por enquanto. Iluminando o caminho.

O aeroporto já estava no radar. Mais alguns minutos.

Capítulo 3

Já escolheu sua imperfeição de hoje?

Enquanto o motorista deixava a linha verde e fazia o balão de acesso ao terminal, fiquei pensando no meu interlocutor.

De onde teria tirado suas convicções? Em que momento da vida passara a se servir de termos como livre-arbítrio? Seria frequentador de alguma instituição religiosa? Leitor da *Bíblia*? Se sim, desde quando? Pensei que gostaria muito de conhecer a obra de Agostinho. Seus escritos sobre o livre-arbítrio. Talvez já fosse seu leitor, por que não?

A ignorância completa sobre sua vida emprestou asas ao imaginário. Informações são pesadas demais. Grudam no chão e não deixam decolar. Não saber nada autorizou-me a vasculhar de A a Z.

Algum plano de voo sempre há, admito. Nem os devaneios são completamente livres. Toda conjectura tem sempre um gancho na experiência. O provável e o improvável daquele mundo especulado são balizados pelo já vivido e suas observações. Como se uma trajetória de anos se deixasse condensar num instante. Uma síntese de muitíssimas percepções patrocinando inferências, analogias, aproximações, oposições, etc.

A conversa fora rica.

Liberdade: fato ou ilusão?

* * *

O livre-arbítrio é muito usado quando o assunto é pecado, isto é, no estrito âmbito do mal moral. De fato, se não houvesse liberdade para deliberar, decidir, escolher, as ações humanas entrariam numa rede de causalidades materiais que começam muito antes e terminam muito depois de seus agentes. Não passariam estes últimos de elos de uma cadeia sem fim.

Como falar em pecado se aquele pensamento inconfessável ou aquela conduta nefasta resultaram necessária e irremediavelmente da materialidade do mundo? De tudo aquilo que – por ser como é – determinou suas ocorrências?

O Direito cuida das ações. E de seus efeitos. Vez por outra considera a intenção do agente. Mas só quando esta última resultou em manifestação concreta, observável e comprovável. Para Agostinho, eis uma das razões da pobreza e ineficácia da justiça dos homens.

A justiça divina, que oferece berço para a ideia de pecado, essa vai muito mais longe. Inclui sem hesitar tudo que passa pela nossa cabeça mesmo que disso não resulte nenhum agir exterior.

Continuei resgatando a conversa. O Deus do motorista, esse mesmo sumamente livre, perfeito, onisciente, onipotente, onipresente, não terá concedido a liberdade ao homem só por conta do pecado. Tampouco da sua mera possibilidade.

O tal do livre-arbítrio deve ir muito além do mal moral.

* * *

Procurei no dia a dia situações concretas de liberdade que não tivessem a ver com a moral. E logo me lembrei das minhas aulas.

São imperfeitas. Mas são minhas.

Fiquei imaginando Deus sentado na primeira fileira intervindo a cada instante de imperfeição. Corrigindo. Orientando. A cada discrepância entre o que eu fazia e o que Ele faria, uma advertência. E eu teria que começar tudo de novo. Até acertar. É bem possível que Ele conseguisse, desse jeito, aperfeiçoar a aula. Fazer-me executar como Ele faria se estivesse no meu lugar. A aula teria se tornado divina. E muito melhor, claro.

Perguntei-me, então, por que Deus nunca fez isso. Não só com a minha aula, mas com todo o resto da realidade protagonizada por homens e mulheres. Se assim fosse, todos cantariam divinamente; mas, também, escreveriam, desenhariam, argumentariam, dançariam, estudariam, entenderiam, aprenderiam, conheceriam, saberiam, amariam exatamente como Deus o faria.

A resposta me veio rápido.

No caso acima, com Deus no comando absoluto das ações de todos, a aula perfeita e divina não teria sido mais a minha aula. Tampouco todas as outras ações humanas, que não se confundem com o mal moral, mas que são apenas imperfeitas.

O professor Clóvis, Gustavo, Cortella, Karnal, Pondé – com seus estilos, intuições, e também suas escolhas – teriam todos desaparecido, diluídos na perfeição do divino.

Se o mundo todo fosse perfeito, ele se confundiria com o próprio Deus. Seria Deus. E este nada teria criado de diferente de si mesmo. Mais ainda: Ele teria que ser daquele jeito. E só daquele jeito. Porque o perfeito, se existir, só pode ser uno. Um segundo perfeito, diferente do primeiro, ou um mais que perfeito não fariam nenhum sentido.

Só o imperfeito aceita a pluralidade.

Imagine uma competição de natação entre atletas, todos treinados por Deus. Todos nadariam divinamente. Cada gesto perfeito. Partida de futebol, sem erros. No basquete, todos os arremessos, não importa a distância, são convertidos. Havendo perfeição, não pode haver derrota. Logo, tampouco vitória.

Deus, para nos deixar ser quem somos, tomar decisões, definir caminhos, assumir nossos jeitos, tornear nossos maneirismos, para que tudo isso fosse possível, convive com a nossa imperfeição, isto é, com a diferença ou a distância de nossas ações em face do divino.

Liberdade: fato ou ilusão?

* * *

Certa vez, a moça perguntou ao Tímido Esteta:
– O senhor de vez em quando não sente nostalgia do convento?
– Muita.
– E não tem vontade de voltar?
– Não. Eu gosto da farra.

"Eu gosto da farra" vem assim com uma voz sumida de Lamartine Babo em noite de neblina, e como quem diz "eu sou um anjinho".

A convicção de seus amigos era uma só: o Tímido Esteta é a criatura mais surpreendente que pode existir.

Não chegou a tomar ordens superiores. Aprendeu foi muito grego e latim. O Tímido Esteta diz versos eróticos de Anacreonte com a mesma desenvoltura com que o médico e escritor recita as rimas pornográficas de Fernando C. Pessoa.

Do seminário, o Esteta trouxe ainda o seu jeitão litúrgico e pastoral e a certeza da ressurreição da carne, certeza que guarda no coração como uma aurora incorruptível. Não se pode compreendê-lo sem o seu catolicismo.

Algumas vezes, ele desaparece. Está em Florença, ou com Joãozinho da Gomeia no subúrbio. Está dirigindo uma estação de rádio em Florianópolis, trabalha como operário numa fábrica de carros. Foi visto entrando agarradinho com uma mulher na gafieira, fundou uma companhia de seguros, está em retiro espiritual no mosteiro de São Bento, está dando a volta ao mundo com um barco de pesca dinamarquês.

De volta à circulação, permanecia hermético: é a vida, meu velho, é a vida.

Os fãs das virtudes literárias do Esteta reclamavam seus artigos: "Não tenho escrito porque não tenho *notebook*". Se alguém lhe empresta um, durante quatro semanas os ensaios do Tímido cintilam nas revistas e nos suplementos literários, eruditos, harmoniosos como esculturas.

Os convites começavam a chover, todos queriam a companhia do Esteta, que mal respondia à cordialidade. Os mais espertos criaram facilidades: "Não é preciso convites, tem um talher cativo lá em casa"!

Frequentemente era visto parado em uma esquina, contemplativo: que faz aí? Vim fazer uma entrevista de emprego. Achava-os com facilidade, mas não os conservava. Um mês ou dois e ele implorava demissão. E ia beber em botequins misteriosos de nomes muito bonitos: A Bola de Fogo, O Farrapo Humano.

Conta nosso amigo: "A última vez que vi o Esteta, com um blusão colorido, foi no Carnaval, anunciando que ia até a Praça Onze, num bando que vinha chegando. "Que condução você vai tomar? – Lá é difícil". O Tímido ajeitou os óculos, estufou os peitos frágeis e disse: Eu vou de cordão!

Ao que todos aplaudiram.

* * *

Sem esse amor em tolerância, ou essa tolerância amorosa, tudo seria só Deus. Uno, perfeito e sumamente bom. Tolerância que discrepa de simplesmente suportar. Que implica amar o imperfeito, o torto, o tonto, o cego, o surdo, o obtuso, o distraído, o canceroso, em suma, os homens e as mulheres.

Ainda lembrando do motorista. Deus perfeito acolhe a toda a imperfeição. Homens e mulheres, imperfeitos, têm dificuldade com imperfeições diferentes das próprias, principalmente as que dão prazer.

Ainda assim, somos livres. E essa nossa liberdade, tal como a entendemos no dia a dia, de fazer da vida o que mais nos apetece, essa – para além do que é e do que não é – opera com possibilidades, com o que apenas poderia ser e, podendo ser, pode vir a ser, ou não. Requer, portanto, pluralidade. Para que possamos decidir o naipe da imperfeição da vez.

Capítulo 4

Sai da frente, olha a sombra!

– Nunca terão nada. Não querem nada com o trampo.

Profecia. Acusação. Não sei se meu motorista da madrugada estaria pensando especificamente em alguém. Tipo um filho ou filha, cunhado ou cunhada, ou mesmo um conhecido ou conhecida. Ou se era um desabafo contra a humanidade. Em desagravo ao quinhão de genérico que reside em cada um de nós.

Talvez, um pouco de cada. O cunhado e todos da sua laia.

* * *

A dormência da aurora em trânsito trouxe à alma, entre o sono e a vigília, a imagem de Diógenes. Não o Laércio, que era historiador do pensamento e dos pensadores da época. Mas seu homônimo. Que, como muitos outros, ficou conhecido pelo lugar de onde veio. Diógenes de Sinope.

Conheço bem. Já dei palestra lá. Fortíssima no agronegócio. Ao menos a pujante cidade do Mato Grosso. Outra, eu já não sei. A de Diógenes parece que ficava na Ásia Menor. Atual Turquia. Como também, aliás, Mileto e Éfeso. Na época, era tudo Grécia, claro.

* * *

De Diógenes, diz-se, só conhecemos causos. Anedotas. E, a partir delas, deduzimos alguma filosofia. Herança injusta. Afinal, trata-se de um pensamento poderoso, estritamente voltado para a vida boa. Coisa de candidato a sábio. Que não para de pensar na melhor maneira de viver.

Não era uma figura comum. Nem mesmo para a época.

Seu modo de pensar era denominado cínico. Palavra que, em grego, deriva de cão. Portanto, Diógenes, o cínico, o canino, o cão, o cachorro. Eis a figura que me veio à mente ali no carro, chegando a Confins.

Antes do Diógenes, uma confissão.

Quando ideias de pensadores – que já atravessaram minha vida em outros carnavais – pedem passagem pelas zonas mais iluminadas do espírito, estabelece-se neste último um diálogo entre o que eu acho que eles diriam e uma instância bisbilhoteira, que não para de perguntar por querer saber mais.

Observe como funciona!

* * *

Diógenes era visto amiúde pela rua com uma lamparina.

– O que estaria procurando?

Um homem. Quando algum deles se apresentava como tal, o filósofo insistia que não era esse o objeto de sua busca.

– Qual era, então, o seu problema?

O que ele pretendia encontrar era um homem natural. Que tivesse conservado sua natureza. Um homem raiz, digamos.

– O que faria um homem raiz de tão diferente?

Diógenes fez um elogio – que se tornou uma marca muito conhecida do seu pensamento – à prática da masturbação. Em público. Raiz. Seminal.

– Qual o problema daqueles que interagiam com ele?

Já não eram mais homens naturais. Haviam perdido, portanto, sua naturalidade. Tinham se tornado outra coisa. Falsos homens, talvez.

Liberdade: fato ou ilusão?

– Mas o que lhes teria acontecido?

Bem, penso eu que Diógenes se referia a dois tipos de problema. Ambos decorrentes da vida em sociedade. E também muito relacionados um com o outro.

– Mas diga logo, homem de Deus.

O ser e o ter. Ou o ter e o ser, se você preferir.

– Sinto-me boiando em lago de águas estagnadas.

* * *

Então, vamos melhorar.

A vida em sociedade nos leva a querer ter um monte de coisas de que não precisamos. E essa necessidade vai anulando o homem natureza que éramos ao nascer.

– Entendi. Mas e o Diógenes?

Não tinha nada.

– Como assim, nada?

Nada, uai.

– Casa?

Não. Dormia num barril. Poderia ser o Diógenes do oito, mas esse seu barril nem oito tinha.

– Haja cervical, torácica, lombar e os fundilhos lá de baixo. E onde punha as suas coisas?

Caramba. Você é surdo ou distraído? Não tinha coisas. Não tinha nada.

– Roupas?

Um único trapo que lhe cobria o corpo.

Ah. Talvez a lamparina também fosse sua.

* * *

– E o ser?

Bem. O ser é o seguinte:

A interação com os demais faz surgir uma espécie de ideia a respeito de cada um de nós. Uma definição que se sobreporia à própria natureza. E que talvez a mascare por completo. É essa ideia postiça que você passará a chamar de "eu". A partir dela, sairá por aí, brincando de ser quem não é; com o apoio de todo mundo e convencido de estar vivendo na mais pura autenticidade.

* * *

– O que nos afasta mais da nossa natureza? Querer ter demais ou ser alguma coisa?

São inseparáveis.

– Nossa. Você diz coisas estranhas. Na escola todos mandavam valorizar o ser em relação ao ter; e denunciavam que "no mundo de hoje" todos só pensam em ter, por terem esquecido de ser. Há, portanto, uma clara separação. Agora você diz que são inseparáveis. Pode explicar melhor?

Claro. Não precisa ficar assim. Eu também tive professores e familiares que me disseram o mesmo. Que é preciso valorizar o ser em detrimento do ter. Porque no mundo em que vivemos todos fazem o contrário. E, por isso, a vida do homem tornou-se espiritualmente mais rasteira.

Mas procure me acompanhar.

* * *

De que "ser" estarão falando?

Da natureza raiz e profunda de cada um? Com certeza, não.

Estão se referindo a esses penduricalhos de adorno que toda sociedade nos manda usar para sermos aceitos como bem-educados e civilizados. Tornamo-nos adestrados, como golfinhos, focas, tigres, leões e elefantes em circos e parques de diversão.

– Como cães selvagens e domésticos?

Exatamente.

– Mas e o que o "ter" tem a ver com o "adestramento do ser"?

Liberdade: fato ou ilusão?

Tudo a ver. Insisto. Um depende do outro.

Porque acreditamos "sermos algo", então temos que ter as coisas que aqueles que são como nós também têm. Os inteligentes, bem-sucedidos, dinâmicos, modernos, atualizados, incluídos, etc.

E, inversamente, porque desejamos ter um monte de bobagens e as compramos, damos um jeitinho para sermos algo com elas compatível.

* * *

E veja.

Alguma filosofia dirá que o animal natureza não é livre, porque é natureza. Regido por ela. Vítima do seu instinto. O homem natureza, esse mesmo que estou procurando, seria, portanto, um escravo de seus impulsos.

Pense comigo.

Segundo esses calhordas – que não sossegarão enquanto não estivermos todos de joelhos –, escravo é quem vive de acordo consigo mesmo. Segundo as regras da própria natureza.

E livre é quem sufoca a si mesmo em nome de um jeito civilizado de pensar e de agir.

Não é para ficar revoltado?

E esses mesmos filósofos, ingênuos ou mal-intencionados, chamarão de liberdade a vitória sobre nossa natureza. Essa mesma que, segundo eles, nos escravizaria.

Assim, se minha natureza clama por uma vida alinhada às minhas forças vitais mais genuínas, só serei livre se viver de acordo com os modos e maneiras que me forem impostos pelo outro, pelos outros.

Livre, portanto, seria aquele que – ao conseguir não viver de acordo com sua própria natureza – vive em completa submissão à tirania civilizatória.

* * *

– Uma pergunta. Ter coisas, quase todas supérfluas, segundo você, nos torna menos livres, é isso?

Claro que sim.

– Por quê?

Só para carregar é um transtorno. kkkk

– Eu tô falando sério!!!

Eu também, uai.

A posse de coisas demais converte-se, obviamente, numa prisão. Para começar, é preciso ter um lugar para deixá-las. Depois, há que protegê-las de quem queira delas lançar mão. Eis que surge o medo de perdê-las.

* * *

De pronto me veio à mente "O indesejado".

Começa assim:

Ficou tão fácil adquirir carro que nem dá gosto sonhar com carro. Até sem você jamais ter alimentado a fantasia de possuir um carro. Até mesmo se você não existir, vem no ar o convite para o seu nome imaginário, o seu corpo indemonstrável entrarem na posse mansa, pacífica, de um automotor, pelo sistema de consórcio.

João Brandão, o antigo, resiste ao máximo. Seu individualismo o induz a andar com as próprias pernas, considerando-as o mais perfeito veículo aparecido sobre a face da Terra. Seu espírito coletivista levava-o a tomar ônibus, sempre que lhe parecia oportuno economizar as pernas.

Assim, conjugando tendências e alternando os dois meios de transporte, viveu uma existência honrada, de pedestre a passageiro, sem jamais se dar ao incômodo de possuir, de gerir, restaurar e custear a máquina automóvel, cada dia mais impossível de manter parada, pois não há onde a deixar, a menos que um "puxador" se incumba de guardá-la por conta própria.

Tornando-se tão fácil possuir um bicho de rodas, difícil ficou não o possuir.

João que o diga. Em redor, todos os convidam a participar do consórcio. A família faz pressão, queixa-se de sua desatualidade. O consórcio espia seu vulto esguio e perambulante a ocupar nas ruas um mínimo de espaço.

Liberdade: fato ou ilusão?

Ele, que poderia muito bem ocupar toda a área social correspondente a um homem e seu carro, manifestar-se, incluir-se no grande desfile.

Pois está dito nas Escrituras, Livro de São Hidramático: "Aquele que não possuir carro, esse não chegará a tempo de penetrar a mansão do Senhor, e aquele que o possuir, de preferência grande, esse decerto penetrará". (XV, 7).

Vencido, sem ser convencido, João inscreve-se, com o secreto desejo de o consórcio estourar na próxima semana.

Logo no primeiro sorteio, ganhou o zero-quilômetro. Quis denunciar o consórcio às autoridades, mas o carro já reluzia à sua porta.

– Felizmente não tenho carteira, de sorte que o carro ficará arquivado em algum ponto... o sítio de um amigo.

– Isso é que não! – brada a família, e a mulher passa a guiar. João perde a doçura de andar a pé, já não o deixam trotar na condição humilhante de desmotorizado.

No entanto, nenhum puxador se lembra de puxar-lhe o carro na hora de catar estacionamento, encher o tanque, guardá-lo na garagem inexistente, satisfazer as mil e uma necessidades desse animal exigente. "Minhas pernas não exigiam nada disso", queixava-se JB. Esperança de ver a lata amassada? Que nada, nem isso.

* * *

A mais deliciosa narrativa envolvendo Diógenes é, sem dúvida, a do seu encontro com Alexandre Magno, ou "o Grande", como dizem também.

O filósofo encontrava-se esparramado pelo chão, na rua, claro, como era seu costume. Até que vieram informar-lhe que Alexandre estava por perto e queria falar-lhe. Diógenes, sem se mover, mandou que o trouxessem. Nem sequer aprumou-se. Esparramado estava e assim permaneceu.

Eis que diante dele surge o homem mais poderoso do mundo. Um poder que, como é óbvio, nenhum homem nos dias de hoje poderia ter.

O filósofo o recebeu como se fora um qualquer.

Alexandre – seu admirador – manifestou a intenção de lhe dar um presente. Que pedisse o que quisesse.

Eis que Diógenes, tomando a palavra – como se fora pedir algo à altura do interlocutor –, solicita ao soberano apenas que se desloque um pouco.

Sem entender, Alexandre indaga o motivo.

Ele estaria, com seu corpanzil atlético, fazendo sombra. Diógenes queria tomar sol.

Em qualquer época em que esta narrativa tiver sido ou vier a ser repetida, o interlocutor dar-se-á conta da agressão simbólica que representou aquela solicitação. Seria preciso, no entanto, compartilhar todas as nuances da cultura da época para dimensionar a gravidade do tratamento dispensado ao soberano.

Ante semelhante insulto, Alexandre – senhor do mundo – poderia ter eliminado Diógenes do mapa no instante mesmo. O que, claro, não aconteceu. Afinal, imagine, leitor, que alguém que tenha sido educado em boa parte da sua trajetória, digamos escolar, por ninguém menos que Aristóteles, haveria de ter preparo tanto para atribuir sentido ao que estava sucedendo como para não se sentir aviltar pelo gesto do filósofo.

Agir livre da imposição do outro é um ato de extrema coragem. É extremamente ofensivo, pois força imediatamente o outro a lidar com todo o prazer que lhe fora tolhido, com toda a autenticidade que lhe fora negada, com a coleção de tristezas da vida que foi aniquilando as alegrias das vidas que não puderam ser.

* * *

Diógenes permitira-se o que poucos na história ousariam: posicionar-se sem se inferiorizar ante o máximo poder. Gesto de liberdade que requer estofo emocional, couraça afetiva. Fica claro que, para viver assim, é preciso não ter medo de morrer.

E, por falar em morrer, não há como convidar Diógenes para um papo sem lembrar como ele morreu.

Capítulo 5

Vontade sufocada

Diógenes viveu em Corinto seus últimos anos. Nesses tempos, sua fama não tinha confins. Uma vida tão intensa, coerente com convicções e extraordinária não poderia passar despercebida.

A razão de sua fase corintiana também merece rápida menção. E não, não foi por causa do Sócrates. Diógenes fora capturado por piratas. E vendido como escravo. Quando estava exibido para compra, observou a chegada de um homem muito elegante. Com todo jeito de bem-nascido.

Diógenes então gritou a todos:

– Vendam-me para esse homem. Não veem que precisa de um patrão!

Tratava-se de Seníades. Um respeitável aristocrata de Corinto, que acabou comprando Diógenes. Confiou-lhe a educação de seus filhos e a administração doméstica.

Depois de uma vida inteira de cão, ei-lo, no final da vida, assegurando a posteridade de sua sabedoria junto aos filhos de Seníades.

Agora que sabemos como Diógenes foi parar em Corinto, passemos à narrativa de sua morte, que ali se deu.

* * *

Mesmo idoso e alquebrado, Diógenes seguia atraído pela rua. Não perdera o gosto de ver o que rolava pela cidade. Vira e mexe assustava as pessoas com suas teorias e práticas filosóficas heterodoxas, alternativas, sempre na contramão do pensamento dominante.

Ainda que essas saídas se fizessem cada vez mais raras, ele não perdia a oportunidade de jogar luz sobre a falsidade e a hipocrisia dos homens daquele tempo. Acorrentados por valores de quinta categoria, como o trabalho pela remuneração, confortos físicos, vícios morais encobertos e zelo amedrontado pela reputação.

Diógenes! Uns tantos como ele restaram pelos séculos. Em Copacabana e adjacências.

Mais atual, não vejo como!!!

* * *

Certa vez, ao passar pela Ágora quase deserta, Diógenes foi ofendido por um grupo de cidadãos que ali esperavam pela "reunião dos cidadãos".

As ofensas eram as de sempre:

– Fora daqui, maluco. Passa fora, cachorro. Perdeu a lanterna? Ainda procurando algum homem natural? Vivendo agora no luxo da casa de Seníades? Perdeu o nojo do dinheiro?

Diógenes, que não se abalou, decidiu aproximar-se de seus detratores. Sempre com calma e altivez.

– O que os leva a abrir a boca de modo tão compulsivo? Se tendes muito ar no corpo a expelir, poderiam recorrer a flatos. Seria menos desagradável do que suas palavras.

A galera não gostou do comentário.

Os distintos cidadãos de Corinto, ali reunidos para decidir os rumos da cidade, responderam ao estrangeiro com mais prepotência.

– Como se atreve a nos dirigir a palavra desse modo, porco insolente? Volte para o seu barril, vá comer carne crua e nunca mais ponha os pés nesta praça! Estamos cansados das suas idiotices. Quem pensa que é? O que acha que pode nos ensinar?

Liberdade: fato ou ilusão?

Diógenes os fitou com ar de manifesta superioridade e disse:
– Creio não ser ninguém. Mas ainda assim capaz de vos ensinar muita coisa. Como a arte de viver e de morrer.
– E qual seria essa arte?
Deixou passar longos segundos e disse:
– Posso mostrar como a vontade e a autodeterminação podem libertar o homem.
– E como nos ensinaria isso? – perguntaram todos.
– Simples. Colocando em prática minhas teorias. Posso mostrar que a vontade supera limites que julgamos insuperáveis.
Fez-se silêncio. O que estaria maquinando aquele lunático?
– Quem se encontra em controle estrito de si mesmo pode fazer qualquer coisa. Hoje, perante vocês todos, eu abreviarei minha vida interrompendo a respiração.
O silêncio deu lugar a rumores de incredulidade e deboche.
– O que você está dizendo?! Isso não é possível. Quando você não aguentar mais ficar sem ar, simplesmente voltará a respirar. Ninguém suportaria impor-se a falta de ar até a morte. Sufocar a si mesmo. Que absurdo! Tonto de meia pataca!
Outros sugeriram desdém:
– Deixe que fale. É só um provocador.
E outros, ainda, aceitaram o desafio:
– Então por que não mostra que consegue de fato fazer essa proeza?
Diógenes observou a todos com sua calma habitual, apoiou sua bengala no chão e pediu uma cadeira. Nesse meio-tempo, uma multidão de curiosos se juntou ao grupo. Uma brisa leve mitigava o calor da estação daquele ano de 323 a.C.
Trouxeram a cadeira. Diógenes sentou-se, então, com calma. Voltou a fitar seus detratores, bem como o resto da turba de ignaros curiosos, ávidos por migalhas de diversão.
Olhou para o céu, em tranquilidade extrema, e respirou profundo, enchendo pleno os pulmões. Fechou os olhos e interrompeu a respiração em definitivo.

A praça emudeceu.

Todos os olhares se voltaram para o rosto do filósofo. Este seguia impassível. Fechando a boca e mantendo dentes superiores e inferiores bem colados. Permanecia imóvel como uma estátua de mármore.

Os demais pareciam acompanhá-lo, retendo também a respiração.

Após algum tempo, cuja duração, no corpo e na alma de cada um, terá ido de minutos a anos, o corpo de Diógenes caiu por terra inerte e sem vida.

Pela última vez, Diógenes, o filósofo, deixara a turba de ordinários que o detestava de boca aberta. E a certeza velada de compartilharem ódio por alguém excepcional. Sumamente livre. Cuja fama transcenderia seus tristes e pequenos tempos e espaços.

* * *

Esse monte de parágrafos pode levar a erro. Porque ali no táxi do hotel, dito executivo por executar transporte de passageiro como todos os outros, tudo isso veio à mente em segundos. Diógenes e Epicuro. Um levou ao outro. Em associação que faz lembrar corrente elétrica.

E Epicuro fez pensar em prazer. E na vida livre que sua busca desvairada pode facilmente arruinar.

Capítulo 6

Átomos que caem na diagonal

Quando dona Nilza morreu, Natália, sua neta caçula, tinha sete anos. Era sua primeira experiência de morte fora dos espetáculos da indústria cultural e dos jogos eletrônicos.

A ocorrência a afetou com crueza. Pegou pesado, como dizem. O tal do "desaparecer para sempre" ou o "não ver de novo nunca mais" parecia produzir devastação e dor imensa.

* * *

– Pai, você também vai morrer?

– Claro, minha filha. Vamos todos. A vida sempre acaba uma hora ou outra.

– Mas quem vai cuidar de mim?

– Ora. Quando digo que vou morrer, não será de hoje para amanhã. Fique tranquila. Estarei por perto até você ter idade para cuidar de si e não precisar mais de mim.

– Como você pode ter tanta certeza?

– De fato, não posso ter essa certeza. A vida sempre pode acabar a qualquer momento. Mas algo me diz que vai ser assim. E, depois, tem a sua mãe. Que sempre te protegerá melhor do que eu.

– E se ela morrer também?

– Não há de acontecer. Seria demais. Perder o pai e a mãe ainda na infância.

– Outro dia na televisão vi que aconteceu com um menino, mais novo do que eu, exatamente isso. E ele não tinha avós, nem tios. Acabou sendo acolhido por um vizinho.

– Esse não é o seu caso. Fique tranquila porque estaremos todos por perto, enquanto você precisar de nós.

– Eu não quero que você morra!

– Eu sei disso. Mas, como vai acontecer em algum momento, só há uma coisa a fazer.

– O quê?

– Aproveitar cada segundinho que tivermos juntos. Vivermos bem os encontros. Curtir os abraços. O aconchego. A presença. A vida, perto um do outro.

– Mas isso nós já fazemos, não?

– Sim. Fazemos. Mas podemos nos dar ainda mais conta de como é boa a vida quando estamos perto uns dos outros.

– Quanto mais feliz eu sou com você, com a mamãe e com meus irmãos, mais medo eu tenho de que alguém morra.

– Você acha que gosta dessas pessoas porque quer vê-las felizes, digo, por elas mesmas? Ou porque, estando com elas, você se sente bem, aconchegada, protegida e ainda morre de dar risada das brincadeiras do seu irmão?

– Ah, pai. Eu me sinto bem. Mas também não quero que ninguém sofra, claro.

– Então. Eu tenho uma boa notícia. Se você não quer que ninguém sofra, a morte não é tão ruim assim. Porque na morte, isto é, depois que a vida acaba, desaparece todo tipo de sofrimento. Você se lembra de que a vovó Nilzinha tinha dores terríveis nas costas? E alguma dificuldade para respirar?

– Claro que lembro.

– Então. Tudo isso acabou. Fora as preocupações que a atormentavam, como os momentos difíceis por que passavam seus entes queridos. Sobretudo o pessoal da família dela. Sobrinhos, sobrinhos-netos e agregados. Um pouco ela se inquietava conosco também. Nada disso vai atormentá-la mais.

– E para onde ela foi?

– Filha. Saber, saber, saber exatamente não creio que possamos. Nossa inteligência não dá conta. Mas os saberes não são tudo. Há também crenças, de que podemos ter muita certeza, ainda que não consigamos demonstrar.

– Ainda assim, eu não quero morrer. De jeito nenhum.

– Eu sei. Só estou tentando mostrar que você não deve ter medo. Porque não há nenhum tipo de sofrimento. Tal como acontecia antes de nascer. Você se lembra de que algo desagradável, ainda que bem suave, tenha acontecido antes de nascer?

– Claro que não. Se eu ainda não tinha nascido, como haveria de lembrar?

– Então. Pela mesma razão, não há que temer a morte. Nela há zero de consciência. Como num sono, sem sonho nem pesadelo.

– Não consigo deixar de pensar nisso.

– Entenda. O medo de morrer pode atrapalhar muito a sua vida. O mecanismo do medo serve muito bem pra que a gente consiga preservar a nossa própria potência. Ele nos ajuda a identificar situações perigosas e faz a gente pensar duas vezes antes de se arriscar. Mas o medo não pode ser mais que um guia. Não pode nos paralisar. Ele serve pra que a gente viva mais, não pra que a gente pare de viver com medo de morrer.

O medo não existe pra dizer "não" pra nós, mas para dizer "é melhor por aqui", ou então "isto pode te machucar se você não se cuidar". Viver sem medo de nada não é bom, porque a gente se arrisca tontamente. Mas o medo é tirano: gosta muito de dizer não. De tomar conta da gente. Portanto, você deve fazer de tudo para vencê-lo. Num dia de velório como o de hoje, não é mesmo muito fácil. Mas bola pra frente. Não ter medo de morrer, acredite, te fará se sentir mais livre, pronta pra outra. Inclusive para a última.

* * *

Quando o assunto é medo de morrer, o filósofo Epicuro é lembrança obrigatória.

Ele nasceu na ilha de Samos. Migrou para Atenas. Estudou na academia um pouco depois de Platão. Pensava muito diferente deste último. Passou a ser seguido por muita gente. Organizou uma escola, onde ensinava seu pensamento. Reuniam-se num jardim. Tal como acontecia com as escolas de pensamento da época, o lugar onde funcionava tornou-se um marco do epicurismo.

O jardim de Epicuro. Visualize uma comunidade ecológica. Ali, Epicuro e seus amigos se afastavam da cidade, vista por ele como fonte inesgotável de sofrimento e desperdício de vida.

Foi um grande pensador. Por isso mesmo, tinha muitos adversários. Batia Diógenes no quesito má reputação. Era chamado de "o porco". Ainda hoje tem seu nome associado a uma vida devassa.

Ninguém foi mais injustiçado, na história do pensamento, no que concerne à notoriedade. As ideias e a vida do filósofo nada tinham a ver com essa sua fama. Preconizava uma vida superaustera. E assim vivia.

Materialista, explicava o mundo e o universo por intermédio de suas unidades indivisíveis, os átomos. Reconhecia escrupulosamente a existência de deuses, mas os mantinha de escanteio para que não pusessem terror na vida dos mortais. Falava da morte como se nada fosse. Enaltecia a amizade, mas desconfiava muito dos amores e das paixões. Erigiu o prazer como o grande valor existencial. Tomando-o por critério definitivo para toda definição e identificação de vida boa.

Vamos combinar. Mesmo hoje, nas redes sociais, não faltariam motivos para repúdio imediato. Sobretudo por parte da imensa galera monoteísta.

Liberdade: fato ou ilusão?

Imagine naquela época, de almas imateriais, mundos do suprassensível, deuses mais que participativos! Não era de espantar o gigantesco bando de desafetos que ele amealhou ao longo da vida.

* * *

Tanto quanto Diógenes, Epicuro pôs sua inteligência a serviço do estudo da vida. Diagnosticou alguns problemas recorrentes e particularmente danosos.

Para combatê-los, ministrava "remédios" espirituais. Entendidos como libertadores do vivente em face de seus receios.

Uma palavrinha sobre esses remédios.

* * *

Para que a história da Natália e da vovó faça sentido aqui, comecemos pelo medo da morte.

Segundo Epicuro, não há por que temê-la. Afinal, com ela nunca haverá encontro. Se nós somos, ela não é. Ao menos, não a nossa própria. Se nós estamos, ela não está. Se nós existimos, ela não existe. Logo, não há por que ter receio de algo que nunca, por definição, encontraremos.

Imagine-se no estádio do Morumbi com seu melhor amigo. O resto da torcida e as arquibancadas estão ali com vocês. Mas a morte, não.

Na saída do estádio, arma-se uma confusão entre as torcidas rivais. Vocês dois se encontram mal posicionados. É paulada dos dois lados. De inopino, um bastão de beisebol atinge seu crânio. No mesmo instante, surge a morte. Mas, quando da sua chegada, você mesmo, o amigo, o estádio, o bastão e tudo o mais já se evadiram de velho.

Agora, se você não levar a sério esse desencontro com a própria morte, passará a vida no temor da sua ocorrência. Viverá na retranca, com onze na defesa, sem nunca arriscar, calculando exaustivamente causas e efeitos supostos, tentando antecipar tudo que possa intervir no seu desenrolar. Com esse cagaço todo, ir ao estádio, nem pensar. Ainda mais em dia de clássico.

Não é o que podemos chamar de uma existência em liberdade. Pelo contrário.

* * *

Outro obstáculo para uma vida livre, segundo o filósofo do jardim, é o medo da cólera dos deuses. O que leva o vivente a cogitar – a todo momento – sobre o eventual apreço ou desapreço das divindades pelas suas decisões, escolhas e ações.

Esse temor dos deuses pode tolher ainda mais as iniciativas de cada um do que o da morte. Porque esta última é uma só. Acaba ali. Como dizia o velho Clóvis de Barros, "do chão não passa".

Ao passo que os deuses, quando desagradados em face desta ou daquela conduta dos mortais, podem arruinar a vida deles de modo mais complexo, extenso e contundente do que simplesmente decretar seu fim.

Como é que podemos perder o medo dos deuses?

Aprendendo com Epicuro que, embora eles existam mesmo, têm mais o que fazer do que ficar fiscalizando o que fazemos ou deixamos de fazer; estão na deles. Não sabemos bem o que os entretém. O certo é que não há risco de punição por conta desta ou daquela conduta. Viva sem medo, livremente, porque desse mal você não sofrerá.

Outros remédios têm a ver com nossos desejos e prazeres. Mas esses merecerão atenção especial alhures, tamanha a sua importância. Afinal, até no mais tosco senso comum, sabe-se bem que um indivíduo fissurado por coisas que ainda não tem, ou que precisa a todo tempo experimentar este ou aquele tipo de prazer, sob pena de crise de abstinência, não tem uma vida livre. Pelo contrário. Não passa de um escravo de suas próprias inclinações.

Liberdade: fato ou ilusão?

* * *

– Esses remédios, como outros, cada um toma se quiser, certo?
– Uai. Claro que sim.
– Então, pra Epicuro, há autonomia, isto é, escolha entre mundos, entre ações, entre caminhos?
– Sim, há.
– Pergunto isso porque, se tudo no mundo não passa de átomos e vazio, poderíamos supor que as ocorrências, todas elas, fossem regidas por relações de causalidade material e, portanto, estritamente necessárias. Isto é, as que são como só poderiam ser e com resultados igualmente necessários. Nesse caso, não haveria brecha para escolhas. E a crença na liberdade não passaria de ignorância de como as coisas realmente acontecem.
– Bem pensado. Faz todo o sentido o que está dizendo. Mas, se você ler as cartas de Epicuro, em especial a Meneceu e a Heródoto, entenderá como ele concilia o atomismo com a liberdade.
– Nossa. Essa eu gostaria de saber.
– Gostaria e gostará, porque é mesmo fascinante o cara. Os átomos são eternos. Deslocam-se sempre. Ocupam, portanto, posições provisórias. Por vezes se chocam. Alguns deles são especialistas em facilitar aglomerados. Nesse caso, eles se grudam e formam as coisas, os corpos. Esses aglomerados são finitos. Seus átomos constitutivos permanecerão por algum tempo grudados nos outros. Na sequência, eles se desagregam. Seguem sua trajetória solo. Até que um outro aglomerado se perfaça.
Chamamos de vida finita esse aglomerado circunstancial de átomos. De fato, ele necessariamente se desagregará. Claro que há forças e energias que se esforçam por sua permanência pelo máximo de tempo. E outras que incidem em prol do seu fim.
– Pelo que eu entendi, você, corpo e alma, não passa de um desses aglomerados circunstanciais de átomos, que certamente deixará de existir enquanto tal. Já esses átomos que, durante a sua vida, permaneceram

juntos, esses são eternos. Então, aquilo que te constitui hoje, quando você morrer, passará a constituir outras coisas.

– Maravilhoso. E essa reflexão vale para trás também.

– Não entendi.

– O material atômico que me constitui hoje no passado já constituiu outros corpos, outras coisas. Claro que não todos eles juntos na mesma coisa ou corpo, suponho. Seria muito improvável. Portanto, dentro de mim tem átomo que já foi botão de roupa, pelo de veado, chifre de touro, metal de bacia onde se urinava e cocô.

– É mágico pensar nas coisas do mundo sob essa perspectiva.

– Podemos ir mais longe. Pensando desse jeito, isto é, instalando-nos no paradigma atomista, a vida não é propriedade de nada nem de ninguém. Porque ela segue viagem quando o vivente deixa de sê-lo. É como se a vida passasse por quem vive. Animando esse ser provisoriamente. Tal como um *frisson*, num tempo de piscar de olhos. Mais pertinente é pensar num empréstimo. Uma posse provisória. Afinal, se quem vive acaba morrendo, o mesmo não acontece com a vida em si: um regenerar contínuo das formas viventes. Em que nascer e morrer não passam de microetapas de transformação da vida nela mesma. Um simples reinventar-se, para aderir à moda corporativa. Nenhuma morte jamais foi ou será objeção ao fluxo vital. As coisas, os tais aglomerados finitos de circunstância, para poder durar, também se renovam, uns à custa dos outros. O fim dessa duração, de cada uma das coisas, nunca será nada além de variações inéditas do ritmo eterno, contínuo e pulsante da vida enquanto tal.

Nada nos impede de tomar a vida, portanto, como uma lixeira que recicla em nome de si mesma tudo aquilo que, em morte, já deixou de abrigá-la.

* * *

– Mas ainda não entendi a liberdade.

– A liberdade, na concepção de Epicuro, deve ser entendida a partir dessas concepções físicas. Os átomos caem. Deslocam-se verticalmente em

Liberdade: fato ou ilusão?

direção ao chão. Obviamente, em tempos de Epicuro, a explicação ainda não era de ordem gravitacional. Em meio a esses que descem retos, de cima para baixo, alguns transitam na diagonal. Tortos, poderíamos dizer, em relação aos primeiros. Também de cima para baixo, mas não em rota de 90 graus com o chão. E sim de 45 ou 60 graus. Esse panorama da dinâmica dos átomos introduz uma pitada de imprevisibilidade. Uma fissura. No interior da qual se rompe a necessidade. Na falta do que determina, torna-se agora inexorável a liberdade, a autonomia, a escolha, como instância de definição dos próximos passos, das próximas trajetórias atômicas.

– Estou perplexo. Mas onde tem escrito tudo isso?

– Uai. Você não ouviu? Nas cartas de Epicuro você encontra tudo isso. Talvez não com essas exatas palavras. Mas a ideia é essa. Átomos que caem em diagonal. Trajetória torta em relação aos demais. Confusão no trânsito. E a liberdade como um guarda tentando encaminhar o que foi bagunçado pelos abelhudos atravessados.

– Agora estou lembrando. Esses movimentos aleatórios dos átomos em diagonal é o que Lucrécio, discípulo romano de Epicuro, chamava de "clinâmen".

– Exatamente!

– Esses caras eram foda. Quanto mais eu leio, mais me sinto uma anta perto deles...

– Mas é disso mesmo que se trata. Sócrates deve estar orgulhoso de você.

– Um dia temos que escrever um livro sobre isso.

– Sobre o quê, exatamente?

– Sobre os átomos que caem em diagonal!

– É uma boa ideia. Quem sabe!!!

Capítulo 7

Catar coquinho

Confins!
Lugar mais remoto. Mais extremo. Que faz fronteira. Que margeia o outro. Que confina com o que não é si mesmo. Significado de dicionário.

Por isso nos confins do Rio Grande do Sul fica a Argentina. No limite entre o que ainda é, por pouco, e o que não é ainda, por um tiquinho. Nos confins da Terra já está o que não é mais Terra. Tipo o espaço sideral. E nos confins da sanidade vai surgindo reluzente a loucura e seus encantos.

O certo é que, se é confim de verdade, não aceita tons de cinza. É fronteira raiz.

– Pra cá é noix e pra lá são os cara.

Tá certo que há nisso tudo um pouco de exagero. Tudo bem que o aeroporto não fica nada perto.

Mas o nome da cidade que lhe batiza me parecia mais significativo para estados fronteiriços d'alma do que para a geografia local. Se fosse o último bairro, ainda dentro de BH, eu entenderia. Mas não é.

Confins entre o sono e a vigília. Entre o ensimesmado e o interativo. Entre um magma de experiências interiores e a atenção ao mundo que se impõe.

Liberdade: fato ou ilusão?

A corrida estava paga. O carro executivo parado bem em frente ao velho saguão principal aguardava o resgate embriagado da mochila escondida na penumbra do banco de trás.

Não faz muito, novos portões de embarque e desembarque empurraram com gosto as paredes do terminal. Mas o embarque doméstico conserva seu raio X na mesma entrada. A caminhada pode ser longa. Maior ainda naquele horário de lojas fechadas e poucos passageiros.

Há escadas rolantes bem recentes. Iguais a todas as outras. Mas a rampa em caracol, sem amparo algum, que, de há muito, dá acesso ao primeiro piso, essa foi conservada. Apesar de íngreme, o número de passos para atravessá-la faz do destino uma miragem.

As latas de doce de leite nas costas também fazem diferença. Sem nenhum alarde, porém. Discretas mineiras que são.

Era sempre assim. Tinha doce de leite para Deus e o mundo. Deus, que está sempre junto, já tinha se servido. Agora, o resto do mundo, esse esperava pela minha chegada com queijo branco, torradas e bolachas no pires.

* * *

Sempre me pergunto por que levo tantas latas. Afinal, exigem um grande sacrifício de transporte. Acabo concluindo que esse, carregador de latas, sou eu. Que se alegra em oferecer. E espera que o doce de leite oferecido também alegre.

* * *

Tive, na juventude, uma namorada doente. Anêmica, a mãe a forçava a absorver diariamente certa quantidade de fígado de boi cozido.

A triste obrigação transformara-se em hábito, e este, sem maior exame, era proclamado prazer. De sorte que, se por acaso aparecesse alguma conhecida ao jantar, a mãe, já informada das preferências daquele ser difícil, oferecia: olhem só esses miúdos que cozinhei para Álida, estão ótimos.

Encontrei-a muitos anos depois e perguntei sobre o fígado.

– Só na madureza consegui libertar-me dessa rotina invariável; essa que acabei admitindo como de gosto pessoal.

Despedimo-nos, e eu segui matutando:

– Quantas pessoas não transformaram a imposição em ato voluntário, e quantas submissões ignoradas de nós mesmos não amorteceram nossa liberdade?

Então surge outra pergunta:

Havendo um eu, conjunto de disposições enraizadas de ação, configurando um jeito consolidado de viver, ou um certo caráter, seremos livres para dar-lhe as costas? Para agir na sua contramão? Para viver debochando do ser? Para dar à existência uma leveza de ser sem essência?

Se dá prova de autenticidade aquele que manifesta aquilo que sente – e pensa – e sente e pensa aquilo que é, a eventual liberdade para viver como quiser, desalinhado de si mesmo, corresponderia a quê? Inautenticidade, hipocrisia, cinismo?

Talvez a liberdade raiz exigiria vida sem natureza, existência sem essência, ação sem identidade. Aí, sim. Não tendo que pagar pedágio a nenhuma definição de si, podemos a cada passo fazer o caminho. Vencendo de vez o constrangimento de ter que trilhar o sulco próprio a quem é alguma coisa antes de viver.

Mas essa coisa de assumir as rédeas da vida em plena consciência e o tempo todo pode ser no mínimo cansativo. Na maioria das vezes, revela-se assustador. Medo. Medo de viver. Medo de amar. Medo de ter que a todo o momento escolher, com acerto e precisão, a melhor direção. Essa é para o bom e velho Beto Guedes, preservando mineiramente a fagulha insensata que convive com a sua compostura.

Medo de ser livre. Medo de ser responsável. De não poder atribuir a qualquer outra coisa, a outrem, a causa do erro. Do fracasso. Do agir indigno. Da canalhice.

O medo da liberdade é tamanho que vamos nos forjando personagens, identidades, dessas "*à la carte*", bem costuradas nas relações com os demais,

Liberdade: fato ou ilusão?

mas nem sempre coerentes com as inclinações da nossa natureza. Quando o gabarito é o outro, forjamo-nos de fora para dentro.

Graças a essas definições de si, verdadeiro encastelamento existencial, jogamos fora uma infinidade de vidas possíveis. Talvez até as melhores. Reduzimos nossa liberdade aos limites devidamente chancelados pelos outros, sob o ruído de seus aplausos.

Assim, abrimos mão com gosto da nossa liberdade. E a isso muitos denominam má-fé.

* * *

Uma faca de dois gumes. Ou um cobertor curto.

De fato, ao restringirmos – com a chancela de mais gente – a nossa liberdade, dotando-nos de uma essência de segunda mão à qual estaríamos vinculados, não nos sobram tantas opções na hora de viver. E isso pode ser apaziguador da alma. Redutor de angústia.

Porém, se houver ímpeto de transgressão, vontade de mandar a essência às favas, a personagem catar coquinho, enfiar o pé na jaca, sair por aí com a cara e a coragem, dar uma banana para o que possam pensar de você, bem, aí é possível que o custo social da ruptura não seja baixo. E que aqueles que esperavam de você fidelidade a tal da identidade sintam-se traídos. Não sem um bom trago de razão.

Talvez resida aí mesmo essa forma de prisão negociada e, portanto, voluntária em que nos deixamos encarcerar.

Pois bem, meus caros:

A imagem de um professor bonachão, boa gente, generoso, incapaz de ofender e sempre disposto a ajudar requer ser entretida com persistência e habitualidade. Deve valer muito a pena ser tomado pelos circundantes como dotado de virtudes como essas.

Talvez o mesmo efeito fosse conseguido com queijos. Ou mesmo doces, mas embalados em materiais menos pesados.

Talvez não.

Capítulo 8

Fogo da liberdade

Enfim Confins.

O andar térreo, todo ele, é conhecido pelo desembarque. Mas a porta do dito cujo, por onde efetivamente saem os passageiros, como no necrotério dos hospitais, é discreta e ocupa espaço mínimo. Cadáveres e recém-chegados já consumiram. Não merecem pompa alguma.

O sensor abre e fecha o vidro, segundo alguém se aproxime.

Junto dele, já do lado de fora, um fiscal de modos assertivos impede que os já desembarcados possam retornar por ali. O eventual esquecimento de algum pertence no interior da aeronave é um perrengue.

O resto do espaço daquele andar é, todo ele, ocupado pelas lojas multicoloridas das companhias aéreas e seus balcões de *check-in*.

Tudo muito distante de tudo. É essa a percepção de corpos e almas na aurora de um dia cheio pela frente.

Claro que dá para economizar passos. O cartão de embarque não é mais cartão. A bagagem é sempre de mão. Basta chegar e subir a rampa. Sei que tem escada rolante e elevador à disposição. Mas, sem subir a famosa rampa em caracol, não se deixa BH de avião.

Liberdade: fato ou ilusão?

Respeito à história da aviação mineira.

Vencido o raio X, é só encontrar o portão. Aí não tem jeito. Os mais longínquos alargam qualquer confim. O 344 daqui não se vê. Fica mais perto do destino que da origem.

Quando o tempo sobra, a caminhada já é sofrida. Quando rareia, no apuro da última chamada para embarque, a respiração sufoca, o batimento acelera, o suor brota na fronte, e o temor trava as vias digestivas já na linha de chegada.

* * *

O vazio das ruas e o trânsito sem trânsito adiantara a chegada, autorizando um café. O lugar de sempre costuma ser bom. Porque, se não for, perde a primazia. Esse fica na antiga entrada principal, logo à direita.

De tanto fazer hora para decolar, fui ficando "exigente" para café. "Fresco", na nomenclatura dos mais pobres de paladar.

Aquele de Confins figurava entre os cinco melhores do Brasil aeroportuário. Nunca decepcionou.

– Um curto, por favor!

– Acompanha alguma coisa para comer? – perguntou a jovem (com "Jaque" no peito do crachá), num sotaque que, em voz feminina, faz vibrar a escala completa da ternura.

– Jaque? Diferente. Gostei!

– Diferente nada! Só lá em casa tem três – emendou a atendente, cada vez mais doce.

– Como assim?

– Jaqueline, Jaqulaine e Jaqueleusa, que sou eu. Sem falar na minha sobrinha: Jaquira, filha da Jaque. Tem quatro meses. Precisa de ver. Que coisa mais linda.

– Nossa! É mesmo um gosto familiar. Adorei!

Com um sorriso orgulhoso do seu mundo, ela insistiu:

– Um pão de queijo? Saiu agora.

Olhei para a cesta cheia deles, recém-tirados do forno. Consultei com vagar as bases. Decisões como essa sempre cobram consulta às bases. Avaliação do que acontece por dentro face ao percebido por fora. Não é todo mundo que se permite esse diagnóstico.

Fome, fome, fome eu nunca tenho naquele horário.

Mas a combinação da visão – extensão, forma, cor e crocância visual –, olfato – aroma de pão de queijo recém-saído do forno – e audição – sotaque da atendente, em canto e economia das últimas sílabas –, tudo isso regou uma orquestra celular afinada, com coral e tudo, clamando pela degustação.

De fato. A experiência fizera brotar riachos na boca. Despertara papilas, pedindo iguarias engorduradas. E ativara o resto da engrenagem digestória, solicitando algo mais sólido e quentinho.

– Dois, por favor.
– Com ou sem recheio?
– O que você sugere?
– Eu prefiro sem. Tradicional.
– Então, sem. Tradicional!
– Experimente um com doce de leite. É o de Viçosa. Maravilhoso. Para adoçar o dia logo cedo.
– Tá bem. Três. Pode caprichar no recheio.
– O senhor pode se sentar que eu sirvo na mesa!
– Obrigadinho.

* * *

Sentado no canto da loja vazia, observei a atendente e sua leveza de movimentos. Lembrei-me da conversa sobre o livre-arbítrio com o taxista. E me perguntei se a cena do pão de queijo não poderia ter tido outro desfecho.

Ao aceitar a sugestão da moça, posso assegurar ao raro leitor, não agira por impulso. Pelo contrário. Dei-me um bom tempo. Vistoriando, com vagar, o que estava sentindo. Minha resposta fora enunciada por infinitas

Liberdade: fato ou ilusão?

vozes ensurdecedoras clamando em meu ouvido pela degustação da iguaria local.

Liberdade de escolha? Claro, diriam muitos.

Eu poderia simplesmente ter declinado. Ficado só no café. Estava divino, e eu teria passado o tempo com muito prazer. Poderia também ter pedido um só pão de queijo. Para forrar o estômago, como dizia minha mãe. Não deixar o café desacompanhado no bucho. Poderia ter ficado nos dois que já estavam pedidos. Teriam dado conta com sobra de calar a boca das milhões de células gulosas, muito além da saciedade.

Mas três...!

Para essa decisão, até onde incidira a impressão visual, a olfativa, a "crocância palatar" presumida, a delicadeza da sugestão, o sotaque?

Ou tudo isso afeta junto e misturado, tipo em bando; quando bate, você já não sabe quem é quem?

Mantendo o cenário, com todas essas variáveis, a loja, a atendente, o pão de queijo saindo do forno, e o eu daquele instante, minha decisão poderia mesmo ter sido outra?

Reitero que fome, fome, fome eu não tinha, não. De jeito nenhum. Ainda mais naquele horário. E, ainda assim, pedi três.

* * *

Muita coisa me passou pela cabeça, enquanto eu mastigava.

Com que cara estaria naquele momento de reflexão sobre a vida?

O sono que eu exalava conferia, suponho, a meu olhar absorto, um aspecto entre o intrigante e o assustador. Talvez mais para o primeiro. Afinal, aeroporto, indumentária, asseio, dentição, odores, mala de trabalho, celular, tudo isso ajuda a despejar a aparência estranha na cesta do excêntrico. Fosse outro o cenário, o mesmo comportamento ensejaria uma chamada pela patrulha do bairro.

* * *

Eis que invade o espírito, sem pedir licença, conduzido pelo hall da memória e anunciado pelas trombetas da boa lembrança, a voz linear e gutural do professor Galimberti. Umberto sem H. Como o Eco. Acompanhada, a voz, da sua conhecida e inabalável fisionomia de tédio. E da genial competência para sistematizar.

Suponho que as três horas de fuso que separam romanos de mineiros tenha facilitado a abordagem. Sete e meia da manhã na sua Itália é sempre mais civilizado.

Sigo suas aulas há tempos. Pela excelência da sua didática, claro. Mas também porque ajuda a manter vivo o italiano.

Ele sempre diz que o instinto é uma resposta rígida a estímulos do mundo. Animais são assim. Instintivos. Regidos pelo instinto. Rigidamente dispostos a responder da mesma maneira a este ou aquele estímulo. Uma vaca não vislumbra uma costela – cozida devagar em manteiga de garrafa – na churrasqueira como alimento.

Ora, mas e eu?

Que diferença haveria entre a vaca Lisenda diante de suas iguarias diárias e o professor com seus pães de queijo no café dos Confins?

Ou estaríamos diante de uma simples regra de três? Lembra? Lisenda está para o feno assim como um de nós está para o pão de queijo.

* * *

Foi nesse ponto que as ideias ganharam outro rumo em meu espírito. Galimberti continua abrindo caminho, com sua lanterna de alumiar cavernas. Os pães de queijo tinham saído do forno naquele instante. E por isso mesmo estavam crocantes por fora e cremosos por dentro.

Essa quentura toda me conduziu ao fogo.

Graças a ele, o ser humano cozinha para comer. Transforma o alimento para se nutrir. Prerrogativa que lhe é exclusiva e vedada a todos os demais viventes. O fogo permite criar ao preparar o alimento. Assegura, dessa forma, uma liberdade face ao modo como os alimentos se apresentam *in natura*.

Liberdade: fato ou ilusão?

* * *

Do fogo a Prometeu. Mito contado por Hesíodo, por Platão, mas também por Ésquilo. Os três relatos se misturaram sem pudor. Eu precisava de outro café.

– Jaque. Mais um curto, por favor.

Na guerra entre Cronos e Zeus, nosso deus, junto com seu irmão, filiou-se inicialmente ao exército do primeiro, os titãs da primeira geração. Durante a guerra, alertado pela sua mãe, mudou de lado, aliou-se ao exército de Zeus, os titãs de segunda geração. A advertência materna era simples: o poder estaria ao lado do conhecimento, não mais da força bruta.

A mãe tinha razão. Zeus venceu o pai e os tios. Os titãs veteranos foram subjugados pelos deuses da segunda geração.

* * *

No *Protágoras* de Platão, Zeus convoca os tais aliados de última hora. Epimeteu e Prometeu. O primeiro, mais lerdo. O segundo, bem esperto. É o que significam seus nomes em grego.

– Vocês dois. Tenho uma tarefa para ambos. Fabricar mortais.

Prometeu, sempre protegendo o irmão, foi logo tomando a palavra. E, como sinal de respeito, apostou numa mesóclise bem ousada até para os tempos antigos.

– Oh grande Zeus. Conceder-nos-ia a graça de saber o motivo desta tão honrosa tarefa?

– A galera aqui no Olimpo – respondeu Zeus –, os demais deuses que integram o meu time, estão meio enfadados com tanta ordem pautando o universo. Eles sabem que a culpa é toda minha, mas não ousam dizer nada. Ao menos, por enquanto. Preciso fazer alguma coisa para distrair o pessoal. Senão, em pouco tempo, acabarão mostrando as garras e se articulando contra mim.

* * *

Zeus tinha razão. Com o equilíbrio e a harmonia estabelecidos no universo, tudo se dava como previsto. Nada acontecia, propriamente.

Para o leitor entender melhor. O filho adolescente volta da escola e, sem saudar ninguém em casa, tranca-se no quarto. Os pais se entreolham preocupados. O guri, todos os dias, chegava falante e cumprimentava quem estivesse em casa.

A mãe toma a iniciativa e bate à porta do quarto.

– Meu filho. Aconteceu alguma coisa? Conversa com a gente. O que você tem?

Esse aconteceu é verbo de acontecimento e indica ruptura. Todos os dias um comportamento; hoje aconteceu tudo diferente.

Pois bem. Zeus havia posto ordem na casa e um ponto final na bagunça que rolava antes dele. Beleza. Mas o fez de forma tão perfeita que tudo se tornou absolutamente previsível.

* * *

Prometeu, ciente de que a posição dele e do irmão na hierarquia das divindades não era das mais centrais, precisava mostrar serviço. E prontamente aceitou a tarefa.

– Procurou os deuses certos, Grande Zeus. Agradecemos emocionados a confiança e prometemos não decepcionar. Dê-nos um prazo. No dia e hora combinados, estarão todos os mortais perfilados para a vossa distração.

– Aguardo notícias suas em duas semanas. Podem me procurar aqui mesmo.

Prometeu achou o prazo de Zeus curtíssimo, mas não ousou negociar.

Epimeteu, que articulava ideias no seu ritmo, encarregar-se-ia dos animais. Tarefa mais fácil e de menor responsabilidade. Já o irmão, mais esperto, pensaria no mortal topo de linha: o homem.

A coisa complicou porque Epimeteu usou tudo de que dispunha. E deixou Prometeu na mão.

Liberdade: fato ou ilusão?

* * *

Para você entender melhor.

Na escola, a professora pediu a dois alunos irmãos que tentassem construir algo com o que encontrassem em casa. Ambos se lembram do porão da casa da avó, rico em bugigangas e pedaços de coisas esfaceladas. Eis que um deles, sem maldade, lembra-se da tarefa, vai ao porão e constrói um lindo patinete, completíssimo, usando tudo, rigorosamente tudo que tinha lá.

Foi exatamente isso que aconteceu com os dois deuses irmãos depois de falar com Zeus.

* * *

Epimeteu distribuiu de maneira bem equilibrada todos os recursos naturais que encontrou entre todas as suas criaturas. Força, agilidade, peso, pele, barbatanas, asas e por aí vai. Criou um verdadeiro ecossistema.

Seus animais ficaram lindos. Todos eles com alguma condição para se virar. Cada qual com um pedaço de natureza adequado ao seu hábitat.

O problema, você adivinhou rápido, é que nada havia sobrado para o homem. Prometeu estava sem recursos para a sua criação.

Depois de muito pensar, tomou uma decisão arrojadíssima e perigosa. Invadiu o palácio de Atena e furtou duas coisas: o fogo e a astúcia. E os entregou à sua criatura.

Assim surgiu o homem. Zerado de natureza. Mas com um estupendo traço distintivo: a técnica. Fogo e astúcia articulados permitiram a Jaque propor o café e o pão de queijo. Resultado inalcançável no mundo dos bovinos, equinos, muares, ovinos, caprinos, aves, peixes, répteis, batráquios, etc.

* * *

Prometeu, um dia, fez pelo homem o que ninguém tinha ousado. Ele os converteu "de crianças que eram em seres racionais (*énnous*) e patrões da própria mente". As aspas são de Ésquilo, direto do seu *Prometeu acorrentado*. A ordem do conhecimento humano, objetivado em técnicas, "um dia terá um poder em nada inferior ao de Zeus".

Liberdade? Opa. Enquanto todas as criaturas da lavra de Epimeteu estavam adstritas a viver segundo sua natureza, o homem – de posse do fogo e da astúcia – tornou-se gestor da própria vida. Com soluções técnicas para situações específicas.

Prometeu foi castigado pela iniciativa. A violência dos deuses agoniza, mas ainda pulsa.

* * *

A árvore não se lembraria de recomendar-nos nada ou proibir-nos de coisa alguma.

Um carvalho entre águas e nuvens deixa-se ser, desdenhosamente, o carvalho de Pope, e à sua sombra o poeta compõe sua ode à solidão. Um loureiro consentirá em ser plantado por Petrarca no túmulo de Virgílio. Um salgueiro não porá embargo a pender sobre um túmulo de Musset. Nos parques municipais, gerações de namorados gravaram no lenho indiferente um nome, uma data, um juramento; mas as árvores depositárias desse legado abstêm-se desse frenesi.

Tudo fazemos para comprometê-las em nossas aventuras de homens tristes e livres, atribuindo-lhes mesmo, pela imaginação poética, a revolta interior contra nossa condição, um "desejo de ser homem", que não é, afinal, mais do que a manifestação exacerbada do nosso pobre romantismo, compensação literária ao enfado da nossa própria e incômoda condição.

Mas deixemos a árvore em paz. Em sua limpa mudez, não ambiciona o estado civil e suas lágrimas.

Capítulo 9

Bosta de esconderijo

A Jaque e a dona da loja manifestaram, graças a Prometeu, sua liberdade por meio da técnica.

* * *

Mas e eu?
Não estava com fome e mandei ver três pães de queijo e dois cafés.
Liberdade? Claro, diriam muitos. Livre para comer quanto quiser. E, como toda liberdade, agarrada na responsabilidade pelas consequências do eventual excesso, ou até mesmo da falta deliberada.
O contraponto são os animais. Alimentam-se por instinto, regidos pela natureza e nos limites da saciedade. É o que dizem muitos.
Será?
Quando tirados do seu hábitat, em ambiente doméstico, por exemplo, podem engordar bastante. Sedentarismo? Com certeza. Mas também, tendo comida à disposição 24h por dia, comem para muito além da saciedade. Posso garantir. A Mel e o Ezequiel Eurico III, gata e cão de minha filha Natália, permanecem sob estrita vigilância alimentar.

E a Laika também.

Mas, enfim, esse não é o nosso problema.

Voltando aos três pães de queijo sem fome prévia, outros dirão que aquela refeição resultou de uma submissão da vontade, potencialmente soberana, aos apetites insaciáveis do baixo e inescrupuloso ventre. Não havendo nisso nada que se confunda com liberdade.

* * *

Desde que o homem conta histórias, insiste em humanizar animais. Personagens bichos que pensam, deliberam, decidem como se humanos fossem. Tiram até onda de moral da história.

No sentido contrário, é menos frequente.

A animalização de humanos nunca termina num instinto propriamente animal, sem valores, injustiças, crueldades. Quando homens e mulheres são efetivamente rebaixados, tornam-se monstros de uma humanidade deformada mais que coelhos, javalis ou leões.

No teatro infantil, os discursos e iniciativas de personagens bichos são crivados pelas mesmas referências usadas para atribuir valor moral a ações humanas.

* * *

Não creio que a curta fábula dos próximos parágrafos seja elucidativa do que acabei de propor. Ainda assim, vale por si mesma. Se o leitor achou que não tem nada a ver, é porque não soube juntar lé com cré.

* * *

Uma vaca pastava em paz. Comida da boa para vacas. Disposta na manjedoura como ela gosta. Tudo misturado. Tipo gororoba. A nossa mastigava com vagar.

Liberdade: fato ou ilusão?

Sempre me perguntei, desde criança, se passa algo na cabeça dos animais, como acontece com alguns de nós quando pastamos sozinhos. Em caso afirmativo, o quê, exatamente? Que material semiótico estaria adaptado à sua mente?

O grande Miguel de Unamuno se pergunta se um caranguejo não resolve uma equação do segundo grau mais rapidamente do que nós, humanos.

Além dos números, abstração que supomos nos ser exclusiva, nossa mente se dá bem com palavras. Um "guarda-roupa", o móvel, em madeira e com gavetas, não entra na nossa cabeça. Já as duas palavrinhas, "guarda" e "roupa", em substantivo composto com hífen, essas transitam com maciez, fluência, flexibilidade e galhardia.

No caso das vacas, sobre a capacidade que possam ter de articular palavras em sua mente, não dá para cravar a concepção do mais íntimo. Haveria um dicionário bovino, com vocábulos enunciados em mugidos de extensão, timbre e força variados? Por que não?

Suponho que não seja o caso. Insisto no "suponho" porque não me lembro, eu mesmo, de ter sido vaca. Consigo me garantir, com alguma dificuldade, quanto ao que povoa minha própria consciência. Agora, a dos outros, bovinos, crustáceos, artrópodes ou humanos, fico na dependência de que digam a verdade ou de alguma técnica que me escapa.

O sonho é antigo. Telepatia, detectores de mentira…

* * *

Voltemos à vaca pastando.

Eis que surge um camundongo esbaforido.

Não posso deixar de me perguntar se vacas percebem, no caso, aqui, visualmente, as coisas do mundo como nós. Não é nada absurdo supor que uma vaca possa ter desta ou daquela coisa percebida uma impressão visual muito diferente da nossa. Afinal, o instrumental visual de que dispõe para ver não tem necessariamente a ver com o nosso.

Para ser simples: uma vaca pode bem não ver um rato como cada um de nós vê.

Não me refiro a enxergar pior ou melhor, mais ou menos nitidamente. Estou falando de uma discrepância mais radical. Não apenas de alterações bruscas dentro dos mesmos padrões. Tipo maior ou menor extensão, cores outras, formas invertidas.

Penso num jeito de perceber que nada tem a ver com o nosso. Um outro protocolo perceptivo. Mas não sei explicar bem qual. Porque, tanto quanto você, sou escravo de um certo jeito de perceber as coisas do mundo. Não pense que estou variando. Esse tipo de divagação areja o espírito.

* * *

Voltemos ao camundongo esbaforido.

– Vaca, vaca!!!

– Vaca, não. Senhora vaca. Respeito é bom e eu gosto.

– Senhora vaca. Por favor, me ajude.

– O que te aflige, criatura?

– Um gato monstruoso está no meu encalço desde a fazenda do Zé Castor. Não permita que me veja aqui.

– Não vejo como te esconder. A não ser que...!

– Diga. Não temos tempo.

– Acabo de defecar em abundância. Mergulhe na bosta e não se mova até o bichano partir. Não direi nada sobre o seu paradeiro.

O rato olhou para aquele bolo fecal de aparência pouco consistente e odor intestinal de grau 98, contorceu-se todo, ponderou ganhos e perdas, prós e contras e, quando o gato apareceu no radar, atirou-se nos excrementos da bovina sem pestanejar, como quem mergulha em límpida piscina.

Na operação, no entanto, seu fino e escuro rabinho permaneceu à vista.

O gato perguntou à vaca:

– Senhora vaca, boas-tardes. Não terá visto, por acaso, um saboroso camundongo que teima em não se deixar devorar? Estou a persegui-lo

Liberdade: fato ou ilusão?

desde a fazenda do Zé Castor e seria frustrante, depois de tanto esforço, voltar para casa de barriga vazia.

A vaca, honrando o prometido ao miúdo, balançou a cabeça negativamente. O gato agradeceu e despediu-se, em desapontamento ululante.

Eis que, num último relance da percepção felina, a bosta da vaca pareceu mover-se. O ratinho sufocado buscava ar em desespero e acabou balançando o rabinho descoberto. O gato, com agilidade de gato, precipitou-se sobre a bosta da vaca e devorou o camundongo, com molho e tudo.

Liberdade? Do gato, no limite da sua força, agilidade e astúcia de perseguição. Do camundongo, no limite da sua força, agilidade e astúcia de fuga.

Aqui ser livre nada tem a ver com escolher. Com um exercício da vontade. Entre os animais, a liberdade é a plena manifestação de sua própria natureza. E nada mais.

* * *

Essa fábula o velho Clóvis de Barros repetiu algumas vezes, com diferentes notas de escatologia afinadas ao seu humor bem variável.

Concluía sempre com a moral da história. Segundo ele, em três níveis.

Primeiro: nem sempre quem te manda à merda quer o teu mal.

Segundo: nem sempre quem te tira da merda quer o teu bem.

Terceiro: se for para ir à merda, melhor ir de peito aberto e corpo inteiro. Com o rabo bem escondidinho.

E ria-se gostosamente bem embaixo de seus olhos cor de verde com azul.

* * *

Muitas vezes definimos o homem e a mulher como "animais racionais". Humildemente, não assinamos essa definição. Não são animais. Não preenchem os requisitos da animalidade. A primazia do instinto lhes seria indispensável.

Seriam a única coisa nesta terra com capacidade de raciocinar. Dotados de logos, diriam os gregos.

* * *

Montaigne conta a história de uma raposa. Precisando cruzar um rio congelado, ela aproxima-se com cautela e encosta a orelha no gelo. Por que o faria? Se escutasse barulho de corrente de água, significaria que o gelo estaria fino demais e poderia sucumbir sob seu peso, caso andasse sobre ele.

O filósofo se pergunta:

Não estaria raciocinando? Operando um raciocínio? Realizando uma dedução?

1 – Ouço água corrente.

2 – Se consigo ouvir água corrente, é porque o gelo está fino.

3 – Se o gelo está fino, pode se romper se eu andar sobre ele.

4 – Se o gelo se romper comigo em cima, cairei no rio gelado e coberto com gelo, e não só não lograrei meu intento de atravessar o rio como não conseguirei sair dali tão fácil.

5 – No caso de barulho, de água corrente, de gelo fino, de ruptura com o peso do corpo, melhor cruzar o rio em outro lugar.

* * *

Às vezes morro de uma nostalgia aguda. São os meus momentos de sinceridade total, nos quais todo o meu ser denuncia a minha falsa condição de homem feito.

Para emendar meu pai, a raposa de Montaigne me trouxe à mente esta outra, que se passou perto de Ribeirão para lá de um século contado.

Eram fazendeiros, compadres e vizinhos. O coronel Ambrósio era viúvo e cinquentão; o coronel José, um pouco mais moço. Havia se casado com a Litinha, diminutivo de Angelita, uma jovem de 20 anos.

A tarde era quente. O coronel José passou pela fazenda do compadre Ambrósio, onde este gozava a fresca da varanda, refestelado em uma rede. Conversaram um pouco sobre a plantação, a família, doenças.

– Vou à vila ver se chegaram uns engradados de galinha, compadre – informa o coronel José, despedindo-se e dando com o relho no cavalo.

Liberdade: fato ou ilusão?

Ambrósio começou a pensar: "Litinha estava na fazenda do compadre. Fazendo o quê? Sozinha. Era uma cabrochinha limpa e bonitinha".

De pensamento em pensamento, Ambrósio resolveu arrear a sua besta e trotou para a fazenda do compadre, onde Litinha se encontrava sozinha, limpa e bonitinha.

Chegou. A comadre lhe perguntou que bons ventos o traziam.

– Estou dando uma voltinha, comadre.

– Pois é, quem é vivo sempre aparece.

– Pois é, quem é vivo sempre aparece.

Conversa vai, conversa vem, o compadre fez à comadre, sem mais preâmbulos, o que se chama de proposta indecorosa.

– Pois não, compadre. Se o compadre José, que é meu senhor, consentir, não tem dúvida.

– Pelo amor de Nossa Senhora do Perpétuo Socorro, comadre! Não toque nisso com o compadre, que eu morro de vergonha!

Litinha sorriu enigmática, ouvindo as esporas do marido tilintar no terreiro.

– Uai, compadre! Que honra!

– Pois é, Zeca, foi ótimo você ter chegado. O compadre Ambrósio chegou aqui agorinha mesmo para propor um negócio.

O coronel José, pálido e vesgo, sumia-se na cadeira.

– Que negócio, compadre?

A mulher respondeu por ele:

– Sabe aquele burro velho e manco, o Tinhoso?

– O que tem o burro?

– Pois não sei o que deu na telha do compadre Ambrósio que ele ofereceu cinco mil pelo Tinhoso.

– Verdade, compadre Ambrósio?

– Verdade, compadre Zeca, e no cobre!

Se o mundo deve a Shakespeare a iniciação a todas as formas humanas, devo a meu pai uma ironia tamisada de ternura e o riso acima de minhas posses.

* * *

A raposa calcula. Coronel Ambrósio calcula. Compadre Zeca calcula. Litinha calcula.

A racionalidade do ser humano, referida pelos filósofos da Antiguidade, ia além do cálculo. Implicava transcender a própria natureza. Uma reviravolta sobre si mesmo.

Capacidade de revisitar, revisar e reordenar o próprio ser, definir e redefinir os próprios valores, aplicar todos os cálculos na própria vida.

Liberdade. Ora, é disso que se trata.

Individualmente, nossas deliberações, decisões e ações incidem sobre o que somos. Coletivamente, definimos na ética princípios e normas de conduta. Por intermédio de nossas instituições, organizamos criativamente a cidade e definimos as formas legítimas de resolução de conflitos.

Um formigueiro se organiza identicamente ao longo de toda a história do homem e das formigas. Tanto quanto uma colmeia.

Já São Paulo, Londres, Paris, Moscou ou Nova York...

Só o homem, porque é livre, empreende revoluções. Não temos ciência de formigas trabalhadoras sindicalizadas ou abelhas entrincheiradas sob a liderança de uma delas, particularmente talentosa para seduzir as massas, lutando para destronar a rainha de seu interminável poder.

Capítulo 10

Entre dedos e caracóis

A rampa em caracol fora vencida. Pouca bagagem e calorias para esbanjar facilitaram a subida circular. Quase ninguém no embarque. Exibi o celular ao leitor de códigos, que prontamente abriu a cancela. Tudo muito fácil.

Era para desconfiar.

* * *

Um fiscal me pediu para apertar um botão. Acima dele, duas lâmpadas apagadas. Uma verde e outra vermelha. Apertei com enfado e desdém. Mas temendo pelo pior, como sempre. Bingo. Vermelho, claro. Senti-me também aliviado, acreditem. Era o meu mundo recobrando a ordem. Reassumindo sua normalidade.

– O senhor me acompanhe, por favor. Trata-se de uma revista aleatória.

– Aleatória é a revista ou a definição da sua vítima? – perguntei.

– Não entendi – respondeu amavelmente o guardião.

– Nada, não. Irrelevante. Fique à vontade. Trago apenas um aparelho de retorno para o som e artefatos de higiene.

* * *

Enquanto o agente do Estado fazia o seu trabalho, Hobbes cutucou meu ombro.

– Não acha que é hora de se lembrar de mim?

Não é todo dia que recebemos visita – tão nobre na história do pensamento – com tudo desarrumado e sem a contrição devida. Ingleses, tão ciosos dos bons modos, não são de aparecer assim, sem se fazer anunciar com alguma cerimônia.

Mas ele tinha razão. A ocasião era mesmo propícia.

O *Leviatã* é um clássico do pensamento. Provocativo e repleto de conteúdos polêmicos. Um livro bem legal de ler. Filósofos ingleses costumam ser generosos com seus leitores, em especial com os não iniciados. A obra é de 1651. Um clássico da filosofia política moderna.

A minha primeira leitura do *Leviatã* foi no comecinho do curso de Direito. Não era propriamente obrigatória, mas fortemente recomendada pelo professor Ricardo Lewandowski, na época assistente do professor Dalmo Dallari.

Liberdade? Opa. E Hobbes perderia essa oportunidade?! Para ele, trata-se apenas da ausência de impedimentos externos à ação.

– O senhor poderia tirar tudo de dentro da mochila, por favor?

Liberdade existe se, e somente se, não estivermos reprimidos ou coagidos externamente.

– Essa caixa, o senhor disse, é um retorno? É coisa de som?

O exemplo de Hobbes é o da água no copo ou na jarra. Aprisionada, privada de seu movimento e sem liberdade. Se o copo ou a jarra se rompem, a água, nesse instante, recupera sua liberdade. Mas, enquanto isso não acontece...

– Esse líquido neste frasco, o que é?

– Para higiene bucal. Bochechos pós-escovação.

O fiscal comprovava as informações respirando fundo com as narinas muito próximas do bocal do frasco.

Liberdade: fato ou ilusão?

Hobbes insiste. A liberdade não é nada mais do que a ausência de todo empecilho que se opõe a algum movimento ou o impede. Tal como a água, uma pessoa goza de mais ou menos liberdade em função do espaço que lhe é dado.

Nesse sentido, sou livre para agir na medida em que nada ou ninguém me impede.

– Esse cortador de unhas o senhor terá que deixar.

Essa liberdade nunca é absoluta. Tampouco nula. Se, de um lado, sempre há limites para a ação, de outro, mesmo as situações mais coercitivas deixam suas frestas para o movimento livre. Um prisioneiro pode se levantar, conversar, não comer, organizar uma evasão, comandar uma revolução.

De fato. Em qualquer Estado, leis, normas e a simples presença dos outros se objetivam em coerções por vezes indigestas de driblar.

– Esses fios todos são só pra ligar o tal do retorno?

Eis por que falamos de liberdade política. A que se alinha com a vida e a convivência na pólis. Porque o Estado é a primeira instância que a normatiza. Define suas fronteiras. Estabelece seus limites.

– Meu amigo. Eu vou acabar perdendo o voo.

– Tenho que examinar tudo. Há um protocolo a respeitar. O senhor apertou o vermelho.

– Não propriamente. Eu apertei o botão. O vermelho veio na sequência. Definido, supostamente, pelo acaso.

– Como assim, supostamente?

– É advérbio. Deriva de suposição. Como não conheço como funciona o sistema, limito-me a supor.

– Se o senhor continuar com conversinha, vai acabar mesmo perdendo o voo.

Os indivíduos que decidiram se submeter à autoridade de um poder central, tipo Leviatã, não são loucos ou inconscientes, como sugere John Locke. São seres que calculam. Que sabem colocar na balança. Que imaginaram a insegurança de um estado de natureza. E preferiram abrir mão de uma série de prerrogativas para diminuir o medo da morte violenta.

Quando se submetem, por livre e espontânea vontade, à autoridade do Estado, não é para continuarem na insegurança. Mas para reduzi-la ou eliminá-la.

Há, portanto, uma troca. *Tradeoff*.

– Uma pergunta: vinte minutos para examinar sete itens sem nenhuma letalidade aparente; esse protocolo garante segurança para todos os passageiros por um certo tempo?

– Garante, sim, segurança. Não absolutamente. Mas garante.

Como em toda troca, entrego com esta mão e recebo com a outra. E o que há para receber? Segurança física. Nua e crua. Não ser agredido. Poder dormir de porta aberta.

A submissão do cidadão dependerá, portanto, do modo como o governante exerce o poder que lhe foi confiado. Se, em decorrência da sua presença de soberano, o cidadão sentir-se efetivamente mais seguro, tá tudo certo. Combinado não é caro.

Agora, se a sensação de insegurança permanecer como sempre, as condições da submissão ao poder do soberano tornam-se caducas. Dar-se-iam conta de que nada mudou. De que a sensação devastadora de insegurança vivida no estado de natureza permanece tal e qual.

Nesse caso, você foi enganado. Resta acionar o Procon e pedir o dinheiro de volta.

* * *

Outro cutucão no ombro.

– Já sei que você está aí. Agora estou apurado. Esse cara da polícia examina minuciosamente tudo. Terei que sair correndo quando ele terminar.

Quando me virei, eis que Hobbes havia desaparecido. Agora era Locke quem me chamava.

Nossa. Há quanto tempo. Esse me fora apresentado por Roger-Gérard Schwartzenberg. Autor do *O Estado espetáculo*. Num crédito de sociologia política na Paris II. Isso no letivo 1987-1988. Há mais de trinta anos, portanto. O texto recomendado era o *Segundo tratado do governo civil*. Outro inglês bem amável com seus leitores.

Liberdade: fato ou ilusão?

E Locke segura meu braço, solicita minha atenção, e, com sua fala pausada e macia, articula suas afirmações peremptórias, com os habituais dois ovos cozidos na boca:

— Não adianta ficar nervoso. A regra é clara. Apertou o botão, deu verde, põe a mochila na esteira e retira do outro lado. Agora, se deu vermelho, a vistoria é completa. O rapaz está apenas fazendo corretamente o seu trabalho. Liberdade? Claro que sim. Exatamente porque a lei existe e está sendo cumprida.

E segue o inglês:

— Lembre-se de que onde não há lei ou onde ela não é respeitada não há liberdade. Estar a salvo da violência de outrem requer a lei e seu respeito. A chatice que você está suportando é a condição da tranquilidade de muitos passageiros que embarcarão sem ficar pensando numa agressão qualquer durante o voo.

— O senhor pode abrir sua *nécessaire*, por favor?

— O senhor não acha que já está de bom tamanho?

Locke começa a perder a paciência comigo.

— Não é desse modo *impolite* que você deve se dirigir a uma autoridade policial. O Estado está limitando a sua liberdade. Impedindo que você siga de pronto para o seu embarque. Mas ele limita também a liberdade dos outros. E é isso que confere validade à liberdade que sobra para cada um. Uma liberdade reduzida, mas efetiva. Na contrapartida de outra, absoluta, sem limites, mas à mercê de caprichos, humores de golpes de violência da parte de qualquer um.

O voo atrasou. E acabei embarcando esbaforido.

Hobbes e Locke preferiram ficar em BH. Ouviram falar da culinária típica e, ingleses que são, sabem que comer bem exige estar longe de casa.

* * *

Ao avançar pelo *finger* e deixar para trás os dois renomados cavalheiros, a cena desagradável da revista imposta aos meus pertences reapareceu, agora em forma de lembrança, em memória recente.

Não há dúvida de que o começo da modernidade foi marcado pela centralização no exercício do poder político. As monarquias absolutistas surgiram como forma eficaz de enfrentamento da violência privada. Esse cenário oferece berço para a ideia de soberania.

Na sua origem, essa soberania – como bem observa Stephen Holmes em *Passions and Constraint: On the Theory of Liberal Democracy,* outro livro de leitura agradabilíssima – não passa de um instrumento de proteção das pessoas e dos seus bens por intermédio do poder do Estado.

Um pouco mais tarde, verificou-se que o instrumento de proteção também poderia ser ameaçador e perigoso para as pessoas privadas. Ficou claro que as garantias individuais, os direitos do indivíduo contra o Estado, poderiam ser tão ou mais importantes do que a proteção obtida graças a este último em face dos particulares.

É o germe do chamado constitucionalismo europeu da modernidade. Como estar protegido sem estar abusivamente submetido a quem protege? Como conciliar obediência a uma autoridade que nos protege dos ataques horizontais sem estar indefeso ante o despotismo vertical?

* * *

O Estado está por toda parte. E começa cedo a alinhar os apetites ainda controlados só pelas células.

* * *

E aí a Natália entra de novo, sem bater.
– Já falei, minha filha, para bater na porta antes de entrar. Não se entra no quarto de ninguém sem bater. Questão de privacidade.

Ocorre que, em seus 14 anos de permanência no mundo, a garotinha não tinha tomado conhecimento das leis que governam esta nação. Isso se deu na Praça, logo na chamada República Livre.

Capítulo 11

O vizinho do Badaró

4C e 4D, nas aeronaves domésticas, são separados por um estreito corredor.

Liberdade havia. Para ter escolhido outro assento no *check-in* eletrônico. Mas por que o faria se eu ignorava a presença do Badaró a bordo?

Ele já estava sentado quando embarquei. Temi pela proximidade. E tinha razão. O voo seria na companhia de um mala notório, sem rodinha e alça que corta as mãos. Conhecido no clube por sua conversa para boi dormir e para lontra ressonar com sotaque luso.

Eu, que antecipara uma horinha de cochilo suplementar, aparentemente teria de jogar pilhas de conversa fora e usar intervalos de bocejo para renovar o tema.

Liberdade de novo. Para virar de lado, dar as costas, dormir ou simular. Mas, no cálculo do custo e do benefício, entra em cena a balança dos afetos.

A opção de fechar o olho na mão grande foi vencida pelo investimento nas boas relações. Em termos afetivos, o desejo de dormir – e o prazer presumido, decorrente da sua eventual satisfação – perdeu na queda de braço para a esperança de convivência harmoniosa e encontros amáveis.

* * *

A menção de um amigo comum pareceu salvadora. O grande Abreu. A grandeza se justifica tão só pela coincidência de termos ambos cruzado o mesmo Abreu em nossa vida. Grande só para nós. Salvará a tertúlia.

Liberdade três vezes. As ocorrências de conhecimento comum bastariam para entretê-lo por algum tempo, evitando o constrangimento dos silêncios pródigos de vazio, desinteresse e tédio.

Para esticar a conversa, nada melhor do que problematizar o óbvio. Só dessa forma a pobreza da realidade compartilhada daria algum suco.

E, depois, não é todo mundo que aguenta discutir o fundamento de suas certezas num horário daquele. A desistência do Badaró era uma possibilidade a levar em conta.

Última chance da sonhada soneca.

* * *

Não me lembro de como ele entrou na conversa. Pela descrição, não havia dúvida. O Abreu dele era o mesmo do estágio na Rua Aurora, da Procuradoria. Badaró discorreu longamente sobre uma visita que fizeram juntos ao Beco do Bezerra.

A vida é tão insólita que o insípido e opaco do Abreu livraria a minha cara de meia hora de suplício. Não perdi tempo.

– Então você também conhece o Abreu?

– Opa. Há uns dez anos. Desde que me mudei para a Henrique Monteiro.

– Tem certeza de que o conhece?

– Claro que sim. É meu vizinho. Sem chance de estar enganado. Cruzo sempre com ele no elevador.

Ele assegurou conhecer o Abreu pelos encontros no elevador. Ocasião para abrir parênteses e colocar o Abreu um pouco de lado.

– Para conhecer alguém, basta tê-lo visto alguma vez? Ou vê-lo com frequência?

Liberdade: fato ou ilusão?

– Claro que não. É preciso mais do que isso.

Ele havia intuído a armadilha que "conhecer o Abreu" poderia representar. E que os encontros no elevador não dariam suporte à sua afirmação. Resolvi me fingir de amigo para ele baixar a guarda de novo.

– Não será preciso saber algumas coisas a respeito de quem julgamos conhecer?

– Claro. Conhecer alguém é saber quem ele é.

Badaró voltou a se sentir em confiança.

– Você sabe quem é o Abreu?

– Caramba. Já te falei. Lógico que sei. Há uns dois ou três anos ele veio em casa direto, porque um vazamento no lavabo do apartamento dele acabou danificando o teto do meu.

Do elevador para o lavabo. A intuição da inconsistência não lhe bastou para avançar um argumento melhor.

– Todo conhecimento é um saber?

– Claro que sim. É um conteúdo da mente. Como todo saber.

Badaró parecia bem à vontade agora. Melhor assim. Não havia nenhuma razão para constrangimentos. E, depois, eu estava investindo na harmonia da relação, e não procurando briga.

– O que é preciso saber sobre o Abreu para ter certeza de conhecê-lo? Sabe dizer?

– Claro que sim. O jeito mole, os olhos vesgos, a perna torta, a gagueira suave e o hálito inconfundível. Coitado. Ele devia ter um problema sério de digestão. E, olha, não importava a hora, toda aproximação deixava sequelas.

– Tem certeza sobre tudo isso? Além do hálito, consegue distinguir com clareza a perna, o jeito, os olhos vesgos e a gagueira no Abreu?

– Claro que sim. Agora mesmo, enquanto você falava, fui imaginando.

A julgar pela linguagem corporal do Badaró, eu me convertera num *brother*. Da tensão dos primeiros minutos a uma camaradagem sem moderações. Momento adequado para uma nova tentativa. Fugir do estritamente particular. Mas sem assustar.

– Essas características do Abreu podem mudar?

– Claro que sim. Tudo pode mudar – assegurou, convicto. – Aliás, muda efetivamente. O hálito só piora. E o resto também.

– Se tudo isso muda, ainda assim você afirma conhecer o Abreu?

– Claro que sim. O Abreu é o Abreu, uai. Meu vizinho. Cruzo sempre com ele no elevador.

– Se ele continua o Abreu mesmo tendo mudado todas aquelas características, então o que faz o Abreu ser o Abreu não tem nada a ver com sua perna, hálito, estrabismo, jeito mole e gagueira.

– Claro que não. Nada a ver.

– Então, o que é?

– Ora, o Abreu é o que não mudou no Abreu. O que a gente é de verdade não muda.

– Achei que você tinha dito que tudo muda!

– Menos o que se é de verdade.

– Então, o Abreu é, de verdade, o que nele não muda nunca?

– Claro que sim.

– E o que, no Abreu, não muda nunca?

– Não sei, não.

– Então você não conhece o Abreu!

– Claro que não.

– Achei que conhecesse! Que fosse seu vizinho! E que cruzasse sempre com ele no elevador!

– Claro que sim. Quase toda semana. Costumamos sair no mesmo horário – insistiu Badaró, sem graça. – Tudo o que eu disse é verdade. Mas veja: se eu, que não desgrudo de mim desde que nasci, não tenho a menor ideia de quem sou, por que deveria conhecer justo o Abreu?!?!? Aliás, por falar nele, de onde você o conhece?

* * *

A aeronave pousou. Desembarcamos e nos despedimos.

Liberdade: fato ou ilusão?

Fiquei pensando. A conversa com o Badaró tem que entrar no livro sobre liberdade. Afinal, não ter muita certeza sobre quem se é – e tampouco o que são os outros – nos remete a um problema.

Quando usamos o adjetivo livre, que é atributo de alguém ou de algo, cabe a pergunta: quem – ou o que – é livre? Quem – ou o que – pode ser livre? Quem – ou o que – é o titular da suposta liberdade?

E, se você disser que é o Abreu, ficamos na mesma.

Afinal, esse já descobrimos que ninguém sabe direito quem é.

Capítulo 12

Toro raivoso

Congonhas. Pouso de despertar Geralda. Essa não é passageira. É hérnia mesmo. De disco. Companheira de longos anos e quase sempre discreta.

O senhor Alexandre já estaria a postos. Escudeiro mais que responsável pelos deslocamentos curtos e longos. Estando de férias, Guguinha assume a linha de frente. Esse à época era menino recém-graduado. Aluno brilhante da ECA e engatinhando pelo mundo da pós-*stricto sensu*.

Do desembarque apressado à Fiat Toro cor de vinho, despistando os amarelinhos – guardas que fiscalizam o trânsito, com especial atenção nas imediações do aeroporto. A briga entre os taxistas de sempre e os motoristas de Uber dos novos tempos respinga nos particulares que só foram buscar algum recém-chegado.

De longe vi o FVU 6460 passando. Era tempo de visão cheia e mundo nítido. Hoje não veria nem o carro, quanto mais a placa. Corri para alcançar. Com foco autêntico no resultado. Debalde. Nem os gritos deram jeito. Como é proibido parar, ele teria que dar outra volta. Com o trânsito agarrado nas imediações, uns 15 a 20 minutos de espera estúpida.

Liberdade: fato ou ilusão?

Enquanto a imagem do veículo se afastando agredia a vesícula, restou sentar na mureta do pequeno jardim, bem em frente ao saguão central, e aguardar.

* * *

A frustração de ter corrido para nada vai se diluindo. Como se fossem gotas de um concentrado nefasto em contato com um solvente em maior quantidade. Esse solvente, naquela situação, tinha nome e endereço. Eram o passado e o futuro. Lembranças de ocorrências já vividas entremeadas de antecipações imaginadas do que está por vir.

Quando o presente é, digamos, insatisfatório, e vivido na mureta em espera, resta resvalar para tempos exclusivos do espírito.

Há quem condene esse escape. Como Pascal. O homem oscilaria entre tempos que não são os seus. De tanto esperar por ser feliz, não o seria feliz nunca.

Quanto a mim, reservo-me o direito de pensar no que for, quando o mundo imediatamente percebido são veículos e motoristas desconhecidos buzinando no trânsito.

Aposto que esse tal de Pascal, tido por muitos como o maior gênio francês, nunca correu e gritou como um maluco para ver a Toro se escafeder sem mais.

* * *

Eu bem que queria não ter sentido toda aquela raiva. Mas o que fazer? Teria sido possível controlar aquelas emoções, que me assolavam naquele instante e que me faziam tanto mal?

Logo pensei que alguém poderia ter assistido à cena e presenciado aquele autêntico chilique.

Na mosca. Um jovem se aproxima. Na casa dos 35, bem vestido, tipo executivo do mercado financeiro. Sem se apresentar, disse-me na lata e com autoridade:

– Não seja ridículo. Pare de se sentir contrariado!

Falava como se fôssemos amigos de infância.

– Desculpe. Já fomos apresentados?

Ele ignorou minha pergunta e continuou de onde tinha parado.

– Vejo você alquebrado por um desencontro banal. Isso não lhe faz bem.

– Desculpe novamente. Mas ignoro quem seja e não preciso de um extra de contrariedade.

Finalmente ele decidiu fazer-me caso e considerar minha interlocução.

– É irrelevante quem eu seja. Importa que você não sinta o que está sentindo.

– Não consigo deixar de sentir o que sinto. É uma sensação inexorável. Impossível de ser evitada. Escapa ao meu controle. E, por favor, prefiro me entreter com meus botões.

– E se eu dissesse que você se encontra no controle de suas emoções?

– Eu diria que você não é o único chato a acreditar nisso.

– Sério!?!?!

– Opa. Não é nada fácil enunciar qualquer pensamento que já não tenha sido proposto, nestes e em outros tempos.

– Agora fiquei curioso. Quem disse isso antes?

– Bem, mais recentemente e com notoriedade universal, Shakespeare: "As coisas em si mesmas não são nem boas nem más; é o pensamento que as faz assim". Em tempos mais remotos, o sábio estoico Epiteto já tinha dito algo parecido: "Não são as coisas, elas mesmas, que perturbam as pessoas, mas os julgamentos destas últimas sobre as coisas".

– Agora quem ficou boiando fui eu.

– Não sei por quê. Eles estão dizendo o que você disse. Concordando com você.

– Juro que fiquei na mesma.

Liberdade: fato ou ilusão?

– Para um estoico como Epiteto, assim como para Shakespeare, nossas emoções dependem de nossas crenças.

– Acho que foi isso que eu não entendi.

– Veja. Você preparou um suco com frutas naturais. Bateu muita coisa no liquidificador. Depois de pronto, você usa um coador para verter o líquido no copo sem as partes sólidas remanescentes. Até aqui tudo bem?

– Tudo certo.

– Ótimo. Continuemos. Você concorda que, dependendo do tamanho dos furinhos do coador, mais ou menos sólidos ficarão nele coados?

– Claro.

– Dependendo do tipo de coador, o suco será um ou outro. Mais ou menos ralo. Mais ou menos encorpado. Mais ou menos espesso, etc. Beleza?

– Perfeito.

– Então. Imagine que as experiências no mundo sejam o suco batido no liquidificador. E que as suas crenças sobre o mundo, sobre a sua vida, sobre o que deve ou não deve acontecer, sobre o que é ou não é muito importante, imagine que tudo isso seja o coador. Tudo certo?

– Sim. Tudo certo.

– Então, essas crenças filtrarão, de um jeito ou de outro, aquilo que nos acontece.

– Como assim?

– Você recebeu um aviso prévio. Será demitido. Dependendo de como você vê o vínculo com a empresa onde trabalha, da forma como entende a própria carreira, do que espera para a sua vida profissional, essa notícia poderá despertar afetos muito diferentes.

– Ainda não ficou claro para mim.

– Suponha que você trabalhe no mesmo lugar há mais de 20 anos. Que valorize essa estabilidade. E que tenha a firme expectativa de se aposentar ali mesmo. Que nem sequer cogite mudar de emprego. Que colecione prêmios e placas de longevidade recebidos sempre nas festas de final de ano. Que, na cidade onde nasceu e vive, aquela empresa seja a grande empregadora.

A demissão terá um impacto devastador. Em contrapartida, se você for das últimas gerações, que considere a brevidade dos vínculos um indicativo do interesse de outras empresas pelo seu trabalho, que não se vê deitando raízes num lugar só, que vincule o crescimento profissional a renovadas experiências laborais, nesse caso a demissão terá outro efeito. De acordo?

– Sim. De acordo. Mas o que tem a ver isso com o controle da sua raiva?

– Ora. Tal como no caso anterior, esperar 20 minutos pode ensejar em mim efeitos emocionais muito diversos, vinculados que estão ao meu entendimento a respeito de ficar aqui parado na mureta, ao significado que atribuo a essa estadia inesperada no meio da rua, à utilidade aparente dos instantes existenciais como condição de uma vida com valor positivo, à gestão pragmática do meu tempo, a como percebo a gravidade de me atrasar, e assim por diante.

– Ainda não entendi o que tudo isso tem a ver com o controle da raiva!

– É que essas crenças e convicções a respeito do mundo e da minha vida, todas elas dependem de mim. Ao menos segundo Epiteto, de quem estamos falando. Dessa forma, se eu trocar o entendimento a respeito do valor de ficar sentado na mureta por 20 minutos por não ter alcançado o veículo que veio me buscar, eliminarei a raiva que me assola neste momento.

– E por que você não faz isso?

– Porque não consigo. E talvez não queira também. Afinal, para mim continua sendo muito importante chegar no horário. Muito mais importante do que qualquer coisa que possa acontecer aqui na mureta enquanto espero que ele dê a volta. Não quero que os compromissos deixem de ter a importância que têm na minha vida. A disciplina profissional sempre contou e continuará contando muito para mim.

– Isso significa que você está sentindo raiva porque quer.

– Segundo Epiteto, sim.

– E segundo você?

– Não tenho condições de formular alguma coisa sobre isso agora. Estou com raiva, e isso me trava as ideias.

Liberdade: fato ou ilusão?

– Se você, com raiva, não consegue pensar sobre suas crenças, então está como que condenado a sentir raiva.
– Talvez sim.
– Nesse caso, não está sentindo raiva porque quer.
– Exatamente.
– Então você não concorda com Epiteto!
– Olha a Toro. Chegou. Até que foi rápido.
– Ei, mas e o Epiteto?
– Fica pra outra hora, meu amigo. Obrigado pelo papo.

Capítulo 13

Marcando a data

— Você!!! Cadê seu Alexandre?
— Entrou de férias hoje, esqueceu?
— Eita. Não é que é mesmo?! E você, por aqui, nesse horário! Sete da matina, pra você, é hora de ir pra cama.
— Pois é. É a minha vida de glamour. Pensa que é só você? Temos seis horas para chegar a Alfenas. A palestra é num clube.
— Tomara que a acústica seja boa. Gargantas maldormidas requerem cuidados.

Gosto dos bancos que reclinam. E os reclino sempre, na angulação máxima. Quem sabe rola um cochilo até a primeira parada! São mais de 300 quilômetros, de ida, claro. Antes de começar a viagem, parece muito. Mas depois, quando chegam a serra e suas curvas, aí deixa de ser só aparência.

— Clóvis! Clóvis? Dormiu.

* * *

Na verdade, eu não havia adormecido. Estava apenas encafifado com aquela abordagem na mureta. Achei que a conversa fora abruptamente interrompida e que tínhamos condições de ir um pouco além.

Liberdade: fato ou ilusão?

Para Epiteto, algumas coisas dependem de nós e outras, não. É exatamente isso que consta no seu *Manual*.

Esse *Manual* é o título da obra. Não foi ele que a escreveu, porque era analfabeto. Trata-se, portanto, de uma espécie de apostila de compilação de aulas. Esse termo "manual" remete a mão. *Handbook*, em inglês. A ensinamentos que devem estar sempre à mão. Não a um livro que lemos e recolocamos na estante para nunca mais reler. Lições para orientar o cotidiano.

* * *

Retomo a ideia de Epiteto. Nesse cotidiano, algumas coisas dependem de nós e outras, não. Como nossas crenças, segundo o autor, dependem de nós, as emoções que lhes são correlatas também estão sob nosso controle. Não que isso aconteça sempre. Ou com qualquer um.

Temos recursos mentais – que podem não ser usados – para governar nossa maneira de pensar. Detemos as rédeas do que entra ou não entra na nossa mente. Para conseguirmos esse controle, é preciso ter preparo e hábito de fazê-lo.

Esses recursos seriam como um músculo, que pode ou não estar exercitado para o movimento que permite ao corpo executar. Se o músculo estiver sem tônus e fraco, por falta de uso, haverá maior dificuldade para tirar de cena a ideia que entristece e pôr outra que alegra.

* * *

Platão ilumina com alegoria fina. Um cocheiro conduz uma carruagem puxada por vários cavalos. Deve ter perícia para dirigi-los. Nem todos a têm. Não o tempo todo. E os cavalos podem escapar do seu controle. Esses cavalos correspondem às emoções. O cocheiro, à razão.

Até aqui, tudo bem.

O problema maior para nós é quem controla o cocheiro. Se a proposta é pensar diferente para sentir diferente, é preciso que algo reoriente o cocheiro, isto é, o nosso pensamento, se necessário. Só nesse caso teríamos controle sobre o que pensamos, sobre o conteúdo de nossas crenças e de nossas convicções.

Em outras palavras: para barrar as ideias que geram emoções ruins e sentir e lograr uma felicidade duradoura, como prometem os estoicos, seria preciso que nossas ideias se submetessem efetivamente à nossa vontade, isto é, que houvesse, de fato, uma liberdade de pensar em sintonia com a natureza.

* * *

Não se trata de ter nossos desejos assegurados ou que o mundo se alinhe ao que gostaríamos que acontecesse. Tampouco que as coisas aconteçam como você deseja, que sejam como você gostaria que fossem.

Se você conseguir pensar de acordo com a natureza, desejará que o mundo seja o que é, que as coisas aconteçam exatamente como acontecem e, nesse caso, somente nesse caso, a vida transcorrerá suavemente.

Desejar, genuinamente, que seja feita a vossa vontade. A vontade do mundo, do universo, da natureza, do divino que por ela se manifesta. Essa natureza vai além de matas, animais selvagens, montanhas distantes, riachos com água cristalina, borboletas coloridas.

* * *

A natureza dos estoicos está mais para o modo como as coisas vão acontecendo. Se for da vontade de Deus, assim será. Ninguém escreve sobre a escrita de Alá. É o próprio devir.

Você deixa cair no tapete da sala um prato fundo com leite e cereais. Pés esbarram em coisas. Corpos se desequilibram. De bípedes, mais facilmente. Pratos resvalam das mãos de corpos desequilibrados e são atraídos pela Terra, que os supera em massa. Líquidos derramam. Isso é natureza.

Liberdade: fato ou ilusão?

Como automóveis podem colidir entre si, nadadores podem ter câimbras em longas travessias e viventes podem morrer a qualquer momento de sua vida.

Por que sofremos tanto com o que é possível ou até mesmo inexorável de acontecer?

Se, na hora de cabecear a bola para o gol, o zagueiro subir junto com você para interceptá-la e acabar golpeando a sua nuca, ora, seria absurdo reclamar da vida. Afinal, atacantes e zagueiros – que escolheram jogar futebol – estão sujeitos a esse tipo de colisão dolorida.

Futebol é jogo para homem, dizia dona Nilza quando eu voltava todo estourado para casa. Sei a que ela se referia. Quem tá na chuva tem que aceitar ensopar-se. Claro que, muito tempo depois, o futebol feminino veio desmenti-la, de certa maneira.

Da mesma forma que um jogador de futebol está ciente dos riscos por conta das ocorrências inerentes ao jogo, o vivente humano também deveria estar a par dos riscos inerentes ao jogo da vida. Muitas das mazelas que enfrentamos integram essa categoria.

Cito dois que me são familiares: tumores e cegueiras.

É tão absurdo um vivente se indignar ante a ocorrência de um tumor em seu corpo quanto um jogador de futebol não aceitar levar uma rasteira de um adversário que pretende desarmá-lo.

* * *

Claro que você sempre poderá dizer que o jogador de futebol entrou no jogo porque quis. E que o vivente, não. Quando viu, já era tarde.

Você tem razão. Mas Epiteto observa que, se a entrada em campo – no mundo da vida – foi compulsória, a permanência, essa resulta de escolha. Continuar jogando o jogo da vida é uma decisão. Objeto de escolha. Você pode sair de campo na hora em que quiser, caso esteja achando a partida um pouco pegada para o seu gosto.

Liberdade? Nossa. Para declinar, mas sobretudo para confirmar a própria participação no segundo tempo, na partida seguinte, ao longo de todo o campeonato, e em todos os campeonatos seguintes.

Esclarecido o conceito de natureza como devir do mundo, retomemos a questão das emoções, das convicções e o controle sobre elas.

* * *

Nem todos consideram tão óbvia essa possibilidade.

Se dermos a palavra a Nietzsche ou a Freud, eles asseguram que as coisas não são tão simples. E você, leitor, suponho, também tem essa intuição. Afinal, mesmo na análise mais superficial do que nos sucede no nível da mente, é fácil se dar conta de que muitas coisas que passam por ela não resultam de uma decisão de pensá-las.

Pelo contrário. Parecem ter entrado sem pedir licença. A afirmação de que "algo" pensa em mim, para mim, faz todo o sentido. E esse algo não corresponde a uma instância decisória de vontade.

Tal como eu disse, penso, como os estoicos, que as emoções estão mesmo vinculadas às convicções. Daí a ter controle sobre estas últimas, são outros quinhentos.

* * *

E não precisamos ir tão fundo, em forças vitais ou inconscientes, para pôr em dúvida essa possibilidade.

E, mesmo que você diga que pessoas extraordinariamente preparadas, com anos de treinamento mental e meditação, conseguem controlar a mente, é possível que seja verdade. Mas não é dessas pessoas que estamos falando. E sim de alguém esbaforido na porta do aeroporto e que medita raramente.

Como eu disse, a raiva que senti – por não ter alcançado o veículo que fora me buscar – tinha a ver com minhas certezas a respeito de compromissos profissionais.

Liberdade: fato ou ilusão?

Essas certezas, por sua vez, consolidaram-se ao longo de uma educação e de uma vida profissional que sempre foram muito além de um simples ato de vontade. Logo, não seria um decreto desta última que poderia varrer tudo que sempre acreditei e colocar outra coisa no lugar que não ensejasse a mesma raiva.

* * *

Mas devolvamos a palavra a Epiteto. Que falem os estoicos por seu intermédio.

Essas considerações dizem respeito diretamente ao tema da liberdade. Porque, se nossas convicções estiverem sob nosso controle e forem decisivas para nossas emoções, então estas últimas teriam a ver com a vontade de cada um de nós e, portanto, com a vontade de sentir aquilo ou não.

A situação vivida ali no desembarque tem relevância restrita ao instante. Não passa da página 2. Mas a questão é a mesma para cenários menos cotidianos.

Se nossas emoções dependem de nossas crenças, isso deve valer para tudo que sentimos. Seu veículo é furtado nas imediações de um estádio de futebol. Você se exaspera. Supostamente, essa exasperação está adstrita ao que você entende sobre esforço, mérito, trabalho, senso de justiça, o papel do veículo na vida e na definição de si, etc.

* * *

Podemos ir mais longe. Uma criança morre. Nasceu com câncer. Os pais estão dilacerados. Fui à missa de sétimo dia. Pediram que dissesse algumas palavras.

O sacerdote, antes de mim, observou que o menino certamente já se encontrava nas mãos de Deus e que, em breve, todos estariam juntos novamente.

Ocorreu-me dizer, na sequência, que aquelas certezas deslegitimavam a tristeza sentida pelos pais. Que choravam a vida abortada, a convivência não vivida, a infância não desfrutada, a paternidade e a maternidade interrompidas, bem como as belas experiências no mundo inviabilizadas por aquela interrupção prematura da existência.

Percebi que, durante minha fala, muitos na igreja puseram-se a chorar. Alguns de forma descontrolada, como os pais e os avós. Nunca pudera flagrar com tanta clareza esse paralelismo entre uma realidade imaginada e pensada e a tristeza manifesta.

Como a maioria de nós tem a ideia de que a morte é terrível, ela nos provocaria emoções de soterramento sempre que o tema viesse à baila tangenciando entes queridos.

Mas muitos não encaram a morte dessa maneira. A morte pode ser entendida – de modo mais neutro – como uma necessidade da vida. Ou até como uma bênção. Nesse caso, há que considerar a esperança e até mesmo a alegria em face do passamento.

* * *

Amigo meu cujo avô serviu como jornalista na Segunda Guerra ensinou-me uma valiosa lição: pessoas que não encontram gratidão pelo dia que surge são dignas de pena.

Conta ele que o avô, ainda jovem, viajava para o Rio, quando passou por Vigo. Lá viu rapazes aos bandos mergulhando no mar em busca de níqueis que os passageiros lhes atiravam do tombadilho. Viu um pobre velho, em uma pobre canoa, com duas pobres crianças, remando em torno do navio e recolhendo em um cesto os restos de comida, pão molhado de água salgada, batatas e maçãs estragadas. Viu no cais um cordão de isolamento afastando das proximidades do vapor os parentes chorosos que se despediam daqueles que emigravam.

O navio seguia sua rota e, em breve, o correspondente presenciaria um desses generosos espetáculos humanos pelos quais vale esperar pelo dia seguinte num navio miserável.

O homem embarca em Vigo. Grande, muito forte, espadaúdo, andava pelos 40 anos. É preciso dizer que, na terceira classe, esses emigrantes de maioria italiana vinham para o Novo Mundo fugindo da guerra, ainda que sua esperança parecesse bem menor que o medo depressivo que os tornava sombrios.

O rapaz envergonhava-se. Poderia informar-lhes sobre a localização de vários bares e cafés, mas eles queriam saber o preço do pão, do litro de leite, do saco de batatas.

O homem de Vigo não estava só, viajava em companhia de uma garotinha, que não devia ter ainda seus seis anos e estava visivelmente doente. Viúvo de pouco tempo, mudava-se com a filha para Buenos Aires, onde residia sua irmã.

Roupas não tinham. A menina, um vestidinho só, sem sapatos. Ele, uns sapatões velhos, uma calça grossa e uma camisa riscada. Às vezes ele lavava a camisa e o vestido e punha as peças para secar. O pai ficava de busto nu; a filha, nuinha, esperava tomando sol.

Certo dia a menininha piorou, mandaram um médico a bordo: pneumonia.

Nos seus olhos infantis, entretanto, não se via a expressão de dor e raiva dos homens colhidos em combate, nem a impaciência dolorosa dos perdidos, nem o desespero dos que sabem que vão morrer. A falta de ar contraía-lhe as pálpebras, mas o olhar esverdeado era firme e quieto.

O pai, este também não era triste nem deprimido. Podia-se descobrir, e não seria preciso muita sutileza de observação para isso, que em sua alegria repousava um substrato de sofrimento, uma paciente intimidade com todas as privações do mundo. Mas isso apenas valorizava seu exuberante gosto de viver.

Até então aqueles emigrantes a bordo viviam atirados pelos cantos, consumindo em silêncio a saudade, a incerteza e o luto. Com o homem de Vigo por perto, já não podiam parar quietos, pois este não os largava, à cata de todos que se deixavam vencer pela melancolia. Os que iam aderindo a seu temperamento o ajudavam com a filha, e, ao mesmo tempo, nessa espécie de mutirão pela esperança.

Meu amigo não sabe o que foi feito de pai e filha. O avô desembarcou no Rio. O que ele sabia muito bem, ao se lembrar daquele corpo branco e fino de menininha, é que somente em alma pura e simples se emerge do lençol da morte.

* * *

Em seu julgamento, Sócrates teria dito:
– Vocês não me sentenciaram à morte; a própria vida o fez. O que vocês fizeram foi, tão somente, dar-me uma data.

Capítulo 14

Cárcere e campo

Clóvis! Clóvis? Dormiu.

Nossa, tem bastante árvore nessa estrada.

Fazia tempo que eu não dirigia carro. Ainda mais uma caminhonete desse tamanho. Na moto, as coisas em volta voam. Numa velocidade que a gente não consegue pousar o olhar. E tome vento na cabeça. Aqui do carro parece que o mundo é dividido em camadas.

A mais próxima também passa rápido, bem rápido. Não se vê quase nada, porque... já passou. Por outro lado, lá longe, na camada mais distante, tudo demora muito mais. Tampouco se vê muita coisa. Agora porque tá muito longe.

* * *

Lembrei-me de um caso. Créditos a Paulo Mendes Campos, mineiro do Arraial da Saúde e um dos grandes representantes da era de ouro da nossa crônica.

O automóvel rodava à noite pela Presidente Dutra. Nele, três jornalistas: Otto Lara Resende, Pedro Gomes e Joel Silveira, este último dorme-não--dorme no banco de trás.

De repente, Joel abre os olhos, espantado:
— Olha ali uma cidade andando!
Que coisa, rapaz, as casas todas estão vindo na nossa direção.
— Aquilo é um trem de ferro, Joel.
E ele, acomodando-se de novo para dormir:
— Ah! Isso sim! Pensei que fosse Piracicaba...

* * *

Claro. O leitor sabe e nós também: quem se desloca é o veículo. O mundo fica onde está. Menos para nós, o sol ou para quem nos observa a partir dele. As tais camadas, umas mais ligeiras, outras mais lentas, essas só existem para nós. Por conta da nossa percepção. Dos recursos que temos para ver. A perspectiva é soberana.

E quanto a nós? Bem, eu estou parado em relação ao Clóvis e em relação ao carro. Já em relação a mim mesmo, não parece, mas estou girando em rotação, junto com a Terra. Em relação a esta última, também estamos ambos em deslocamento, por estarmos no interior do veículo. E, em relação ao sol, estamos todos em alucinada translação. Tem também o sistema solar inteiro girando em torno de um tal Sagitário A.

E por aqui fico. Primeiro porque meu repertório sobre astros é finito. E bem pobre. E o universo, esse é infinito. E infinitamente rico.

Mas não sem me dar conta de que tudo se move sempre em relação a outra coisa.

Ou será que não?

* * *

É fascinante quando a gente aprende algo que desmente o óbvio. Que cala a boca do tal "senso comum". Que contrapõe ao que todo mundo acha que é certo. Eu adoro. Não sei se é pela descoberta em si ou se é pela arma em que se converte o conhecimento, num eventual conflito. Acho que é um pouco dos dois. Saber das coisas seduz. E seduzir faz bem.

Liberdade: fato ou ilusão?

Quanto mais na contramão, melhor. Tipo revolução copernicana, no seu tempo, claro. Não é o Sol que gira em torno da Terra, bando de zé ruelas. É o contrário. A Terra que gira em torno do Sol. Nossa. Fico imaginando a euforia dos porta-vozes dessa nova verdade na época de Nicolau.

Novos aprendizados são, para quem os apreende, verdadeiras revoluções. Abrem a cabeça para sempre. Permitem que pensemos de um outro modo dali para a frente. E, portanto, fazer inferências, propor conjecturas e empreender reflexões que nos seriam impossíveis até então.

Todo novo conhecimento parte de uma desconfiança a respeito da inconsistência das certezas vigentes. Essas que circulam na praça em forma de afirmações peremptórias e travestidas de evidência.

* * *

Ora. Se saber coisas que nem todo mundo sabe traz tanto prazer, bora então, sem mais delongas, denunciar as inconsistências das certezas vigentes.

Podemos notar que essa postura de desconfiança permanente a respeito do que já se sabe (criticismo) encontra suas raízes em um tipo de pensamento filosófico que eliminou pressupostos para afirmar a liberdade de quem se dispõe a conhecer, a autonomia de um homem emancipado.

A liberação de todo preconceito teve início com a iniciativa de submeter todos os conhecimentos à dúvida. O pensamento moderno pode ser definido por essa iniciativa.

E se não temos nada para pôr no lugar?

Detonar por detonar sem propor nada de positivo também não adianta. Quando se comprova o fracasso na busca por um saber absoluto, só subsiste a "suspeita" ante toda certeza dissolvida.

E se pensássemos em certezas provisórias???

Não sei, não. Muito estranha essa história de certeza provisória. Quando temos uma certeza a respeito do que quer que seja, estamos seguros de que o pensado sobre aquilo corresponde completamente ao mundo pensado.

Se aceitarmos que esse pensamento possa mudar a qualquer momento, então não há muita certeza de nada. O que há é incerteza.

Uma certeza só é aceita como provisória depois que não é mais.

Nesse caso, as consequências afetivas do conhecimento não seriam as mesmas.

* * *

Pensando em prazer de aprender, lembro-me logo da professora Baccega. E do Bakhtin, que ela ensinava como ninguém. Não fosse por ela, não teria me dado conta da polifonia discursiva em que se traduz nossa vida em sociedade; da nossa condição de enunciatários e enunciadores numa rede intersubjetiva e complexa; da consciência de cada qual povoada por signos, da sua natureza ideológica, etc.

Tudo isso muda o modo de pensar para sempre.

Entender que as palavras, apreendidas em relações intersubjetivas, são a matéria-prima de todo pensamento, que somos criativos nos limites de um orbital de signos – como as palavras – que nos são oferecidos de fora para dentro, tudo isso é muito, mas muito legal.

Outro espaço social, outra polifonia, outras palavras, outra consciência, outra articulação de palavras e produziríamos outro pensamento.

Uma coisa incrível.

* * *

Na escola, uma vez, briguei com a professora substituta de física.

Eu não era amável com a escola, tampouco ela era comigo. O tédio da vida ali dentro transbordava todos os meus reservatórios. Eu tentava dar o troco. Com autenticidade, quando dava. Passava cola, por exemplo. Para quem quisesse.

Nossa, olha que louco! Deve estar a 160 por hora, pela faixa da direita! Para chegar meia hora antes, que seja, coloca o mundo em risco!

Liberdade: fato ou ilusão?

Enfim, na escola, só peguei gancho quando flagrado passando cola. Mas tirava dez na prova seguinte. Como se fosse a "desobediência civil" de um adolescente entediado.

Não lembro se era a primeira aula. Acho que sim.

Logo na primeira aula de física da minha vida. Ela, coitada, estava menos preparada do que nós. Provavelmente fora chamada em cima da hora. Seu desafio atendia pelo nome de cinemática. Assunto mais que recorrente nos exames vestibulares e de conclusão do ensino médio.

– Cinemática é o estudo dos movimentos.

Levantei a mão, ávido para aprender. Quase três meses sem aula tinham me deixado a perigo. Eu precisava tirar o atraso. Perguntei por que "cinemática" queria dizer "estudo dos movimentos".

Eu esperava por uma explicação sobre a origem das palavras. Etimológica, como se diz. Intuí que tivesse a ver com cinema. E como nesse último as imagens apresentadas em sequência dão sensação de movimento...

Reconheço que a pergunta talvez não tenha sido clara. Mas ela poderia ter arredondado um pouco. Especulado mais sobre a minha dúvida. Mas não. Deu uma resposta atravessada que poderia ter me feito calar pelo ano todo.

– Quando você diz mesa, essa palavra quer dizer um móvel usado para algumas atividades como estudar, comer, etc. Se você me pergunta o porquê, eu te digo que não tem um porquê. É porque é. O mesmo com cinemática. É o estudo dos movimentos. E ponto-final. Não tem por quê.

Concluída a resposta, o silêncio perplexo da sala só se deixava arranhar, aqui e acolá, por risinhos contidos de galhofa. Eu sabia o que passava pela cabeça dos colegas.

– Quis dar uma de interessado e acabou chamuscado.

Calei ruborescido. Mas jurei vingança. Aquilo não ficaria daquele jeito. Eu seria chacoteado pelo resto do ano. Ela ia ver só.

* * *

Ansiosa, a mestra autoritária parecia querer se livrar do tema na primeira aula. Definiu velocidade, sem explicar muito, e logo passou para aceleração. No livro, já tínhamos passado da página 100.

* * *

Olha eu viajando. Pela Fernão Dias, nas curvas de Mairiporã, e na lembrança da escola, que já vai longe na tortuosa estrada da minha existência.

Tenho que ficar de olho no radar. Em cada ponto da pista a velocidade autorizada é uma. Às vezes, não dá tempo de desacelerar. Ainda mais com esse sol frontal de começo de manhã.

* * *

Antecipei a professora e cravei sem medo:

– Aceleração é a alteração do valor da velocidade em um intervalo de tempo.

Não tinha nada de muito estúpido no que eu disse. Um pouco mais confiante, emendei outra pergunta:

– Professora, a aceleração pode ser constante?

Foi aí que ela resolveu pegar no meu pé de vez. Demonstrando muita irritação, respondeu com rispidez:

– De jeito nenhum, a aceleração sempre aumenta. Por isso se diz aceleração.

Desta vez, eu tinha certeza de que ela estava muito equivocada. A ocasião de vingar-me surgira antes do esperado.

– Não será a velocidade que sempre aumenta quando há aceleração?

Descontrolada como se estivesse numa briga de trânsito na rua, ela insistia:

– Não. A aceleração também aumenta.

Procurei aparentar a maior calma que conseguia. Aquele contraponto me seria favorável.

Liberdade: fato ou ilusão?

– Não entendo. Se a aceleração sempre aumentar, a gente nunca consegue medir, o valor sempre será defasado.

– Isso não faz o menor sentido!

Teria ela já se dado conta da bobagem que insistia em defender?

– Claro que faz. Não tô falando que a velocidade é constante, mas, se a velocidade muda a uma taxa constante, a aceleração é constante. Eu só posso dizer qual é a aceleração de uma coisa se ela for constante! Se não, como vou escrever o número? Veja a própria gravidade, a aceleração é de $9,8 \text{ m/s}^2$. Esse número é constante. Se não for constante, você não pode calcular. Ou a fórmula tem que ser outra.

A professora ia perder a cabeça de vez. Tive que deixar barato para a coisa não desandar pro meu lado.

Desse dia em diante, isto é, ao longo de todo aquele ano letivo, fui perseguido por uma professora de física despreparada, insegura e arrogante.

Como se não bastasse a truculência, a aula dela era muito chata. Uma das raras unanimidades em todas as cinco turmas daquela série.

* * *

Só agora, depois da faculdade, é que eu, por conta própria, finalmente entendi o que Einstein queria dizer. Tornei-me capaz de pensar um monte de coisas que antes não conseguiria.

Liberdade? Caramba. E como!

Se certos conhecimentos autorizam infinitos pensamentos dos quais estávamos privados até então, resta admitir que são libertadores. Retiram obstáculos, constroem pontes, estabelecem ligações, turbinam a mente, alargam o repertório e enriquecem o espírito.

* * *

Lembro quando o Clóvis explicou as propriedades dos campos sociais a partir do conceito de Bourdieu.

Espaços sociais estruturados de relações, relativamente autônomos, com suas condições de entrada, suas regras, troféus, agentes dominantes, dominados, pretendentes, que ocupam posições uns em relação aos outros, e empreendem estratégias de conservação, de subversão em função da posição que ocupam e por aí vai.

Enquanto digeríamos apenas o conceito, a compreensão era mais difícil. Mas quando ele descreveu o funcionamento do campo acadêmico, e o comparou com outros como o jurídico, o político e o jornalístico, foi como se tivesse aberto as portas de um cárcere de ignorância onde eu me encontrava preso sem ter consciência disso.

A partir desse conceito de campo, pude fazer minhas próprias observações a respeito das ocorrências do mundo social em que vivo com muito maior acuidade e pertinência.

Lembro-me de ter sido alvo de chacota em família de tanto que me servia daquele novo instrumento para analisar as coisas da nossa sociedade. Fiquei tão maravilhado que usava campo para tudo.

Li toda a bibliografia do curso. Segui a ordem sugerida pelo professor, que parecia ter particular encantamento pela obra do francês.

Comecei pelo famoso artigo sobre o campo da alta-costura publicado na revista *ARSS* (*Actes de la Recherche en Sciences Sociales*); na sequência, fichei o capítulo sobre os campos sociais publicado no livro *Questions de sociologie*; quando viu meu interesse, o Clóvis me passou uns artigos de sociologia política amplamente devedores do conceito de campo. Tornou-se subitamente claro que os profissionais da política jogam um jogo relativamente autônomo em face do "povo soberano". As notícias ganharam outro significado.

Encantei-me pelo texto "*La force du droit*" e as implicações simbólicas na estrutura do campo jurídico, publicado em português no livro *Poder simbólico*. Mas o ponto alto foram os textos sobre o campo acadêmico e as relações de poder na universidade. Afinal, passo boa parte da vida disputando os troféus específicos desse campo, movido pela *illusio* do seu valor

Liberdade: fato ou ilusão?

e interiorizando saberes práticos em forma de *habitus*, que confere muito sentido aos esforços do dia a dia.

Fez toda a diferença submeter-me aos ritos de iniciação e de passagem, próprios ao mestrado e ao doutorado, interpretando tudo que acontecia com as lentes de Bourdieu que o Clóvis me emprestou.

Entender o curso vespertino, as linhas de pesquisa, a bibliografia obrigatória, a cobrança por publicações, a seleção dos artigos, a composição das bancas, a participação nos congressos e todo o resto como um efeito de campo é maravilhosamente heurístico, elucidativo, explicativo e tudo o mais.

E, portanto, profundamente libertador.

* * *

Será mesmo??? Eu não estaria, sem perceber, reduzindo as possibilidades de análise? Impedindo-me de enxergar a sua complexidade? Excluindo outras análises, igualmente pertinentes? Moldando o mundo para ele se ajustar ao conceito? Não teria, pelo fato de dominar com fluência um jeito de analisar o mundo, me convertido num dogmático?

Que loucura. O conceito de campo, ao mesmo tempo que liberta, também aprisiona.

Já não entendo mais nada.

Melhor prestar atenção na estrada.

Capítulo 15

Lobo de si mesmo

– Põe um som aí, Guguinha! Daqui a pouco chega a pamonha!
– Só se for agora! Qual botão que é, mesmo?
– Veículo, favor tocar a música!
– Óóóóóó! Tem comando de voz a Toro? Que chiiiiquee!!!
– Não. É que eu apertei aqui enquanto falava.
« Il est donc impératif de conclure que les choses se définissent à partir de leurs oppositions et que les choses existent dans les limites de ses possibilités. Ces limites ne sont pas fixés, étant toujours susceptibles au résultat des interactions entre les éléments qui les agrandissent et ceux qui les réduisent.»

Ixe! É o curso do mala! Melhor desligar para não perdermos completamente a vontade de viver!

Seria uma troca desvantajosa para nós. Veículo, pare de tocar o curso do mala!

* * *

Os vídeos das crianças sempre garantiam as rodas de risadas da família. Em uma época em que muito poucas ocasiões eram filmadas, as capturas

Liberdade: fato ou ilusão?

de momentos pitorescos e relevantes eram uma lufada de raridade e espontaneidade em vídeos que geralmente registravam nada mais que a modorrência cotidiana de eventos especiais.

Era uma infinidade de vídeos de aniversário em que nada acontecia. Outra infinidade de festas juninas da escola onde também nada acontecia, mas com quentão. Os *highlights* eram pessoas sentadas. Nas cadeiras esperando o bolo ou em muretas comendo pipoca. A impressão de quem via a coleção era de que na década de 1990 nada acontecia em lugar nenhum.

Até que aparecia uma das crianças. "bi o dô baga dá!? Dá?". A frase emitida pela caçula foi tratada com naturalidade quando aconteceu. Tanto que no vídeo não há nenhuma risada. Fato amplamente contrastado pelo mundo fora da TV. A primeira vez que a fita foi assistida garantiu uma das sequências mais longas de riso ininterrupto na história da família. O que diachos estaria querendo dizer a criança? A resposta do pai "tá" e os gestos da criança só possibilitam entender o dá. Dá é tá. A parte do "bi ô dô baga" permanece completamente misteriosa. É o primeiro meme da história da família.

No outro vídeo de mais de meia hora de nada, aparece uma criança correndo para longe da câmera. Corre, corre, corre. Um vídeo anódino, insignificante de uma criança correndo. Mas, para a surpresa de todos, no meio da corrida a criança passa a trotar como se houvesse um zumbi invisível segurando seu pé esquerdo. A trajetória antes retilínea e veloz, energética e decidida, agora se tornava errante, ziguezagueante, retorcida, insegura, lenta, batida.

De repente reconhece-se uma dobra em sua bota. Teria a criança quebrado o tornozelo correndo e agora pisava diretamente com sua tíbia?

Corre a mãe atrás do agora estático pimpolho. Este, reconhecendo a extraordinariedade de sua atual situação, vira seu tronco para a câmera e explica, professor que se tornaria: "tá arruman'a minha 'buota'"!

Não havia zumbi nem perna quebrada. E a criança foi rápida em explicar a situação para que nossos corações não batessem mais rápido do que deveriam.

Quem vive no Brasil provavelmente já sabe o que aconteceu: a bota, comprada especificamente para compor o figurino de dançarino de quadrilha para a festa junina da escola, fora comprada vários números acima do recomendado para o tamanho do pé da criança. Afinal, calçado era item de luxo no Brasil pós-desastre econômico no qual nem as mercadorias mais básicas se encontravam facilmente.

Dessa maneira, parte do pagamento era feito com a liberdade da criança. Quem nunca, não é mesmo? Isso resultava em uma criança incapaz de correr como queria naquele momento sob risco de desgastar a lateral da bota em vez de sua sola ou quebrar, torcer, luxar tornozelo, tíbia, joelho, pulso e o que mais der azar.

* * *

– Sensei, qual a tarefa de hoje?
– Preciso de quatro objetos quaisquer.
– Serve quatro almofadas?
– Serve, Alfredo-san. Imagine que no chão esteja desenhado um x e um + juntos. Uma estrela com oito pontas. Imaginou?
– Sim, sensei!
– Agora vá para o centro dessas linhas e coloque as almofadas nas quatro extremidades da cruz. Uma na sua frente, uma na esquerda, direita e atrás.
– Ok. E agora, sensei?
– Agora você vai ficar parado no lugar e mudar cada almofada uma posição, rodando no sentido horário.

E assim fez o intrépido aluno, confusíssimo com a aula. Dobrou seu tronco em L e conseguiu sem muito esforço se desvencilhar da tarefa.

Pegou a de cima, posição 1, e a moveu para a ponta nordeste, posição 2. A da direita, leste, moveu para o sudeste. A do sul, para o sudoeste, e a do oeste, para o noroeste. Tinha agora uma almofada em cada posição do x, não mais uma em cada ponta da cruz, fez mais uma vez sem acidente e ficou com a cruz de novo. Mais uma vez e o sensei o interrompe:

Liberdade: fato ou ilusão?

– Muito bem, Alfredo-san!
– Essa foi fácil, sensei!
– Agora faz agachado, e somente uma mão pode tocar nas almofadas.

O exercício foi feito. O aluno pôde reparar com facilidade que remover uma das mãos do exercício o obrigava a prestar muito mais atenção nos movimentos, sobretudo no giro do tronco. As almofadas que ficavam na frente e do mesmo lado da mão eram movidas com facilidade, mas o aluno quase não conseguia alcançar as de trás e da esquerda, sobretudo quando estavam nas posições do x.

– Agora, Alfredo-san, vou afastar um pouco todas as almofadas, e você terá que movê-las com uma das mãos somente.

Agachar já não bastava para o nosso intrépido Alfredo-san, que notou a necessidade de alterar seu eixo lateralmente. Assim, deveria apoiar-se com muito mais intensidade em uma das pernas para, dobrando seu tronco para baixo, chegar às almofadas. Encostava o joelho no peito e mandava ver. Para um lado e para o outro. Para trás quase caía ao tentar retorcer o seu movimento nas almofadas do lado oposto do braço, mas por sorte se reequilibrava ao trazer os objetos pela frente.

– Ok, Alfredo-san, muito bem. Agora você não pode passar nenhuma almofada pela frente do seu corpo.

Esse demorou. Como pegar a almofada de trás com a mão direita e girar ainda mais o tronco para deixá-la na posição sudoeste, mais longínqua ainda? Não vai mais o braço, a torção tem um limite. Não conseguia completar a manobra. Aí veio a primeira dica: "Não dobre o tronco, Alfredo-san. Agache com o tronco perpendicular ao solo". A dica facilitou a torção, mas o quebra-cabeça não estava resolvido. Pegava com a mão direita a almofada de trás e ficava lá tentando se torcer até doer. Até que...

– Aaaaaahhhh, claro! Em vez de pegar a almofada e depois me retorcer, eu tenho que girar o braço e o tronco para a esquerda antes de pegar a almofada e assim consigo pegá-la atrás de mim e deixá-la no lugar sudoeste, que não estará mais longe!

– Muito bom, Alfredo-san! Vê como por vários meios se chega ao mesmo fim? Agora as almofadas irão para mais longe.

– Ainda bem que a sala é grande, sensei!

E, com as almofadas a um braço de distância de si, Alfredo-san não conseguia alcançá-las. Falhou. Sensei pergunta-lhe, então:

– Desistiu, Alfredo-san?

– Não, sensei, mas é que eu não alcanço. Nem se eu quisesse eu conseguiria.

– Tem certeza de que estão fora do seu alcance?

E o aluno agacha, com os pés bem apoiados pende pro lado como um brinquedo de gato, em arco, o máximo que consegue, e desequilibra-se antes de chegar na almofada.

– Alfredo-san, seus pés não precisam ficar colados no chão. Use-os como eixos, gire-os no lugar, como um bailarino. Agache-se, estique uma das pernas no chão. Para chegar ao outro lado, mantenha o tronco ereto.

O estudante, desconcertado, agachou-se, experimentou girar o pé esquerdo para que ele apontasse para a esquerda, esticou a perna direita, viajou para a direção da almofada da posição 7, oeste, e a recolheu com uma facilidade espantosa. Suas pernas não mais trabalhavam como estacas fincadas, mas, sim, como eixos em torno dos quais seu corpo, utilizando-se de todas as dobras e elasticidade das pernas, navegava. Quanto mais ele explorava suas articulações, maior a facilidade para alcançar as almofadas.

Graças a essa maior liberdade de movimento, seu campo de ação quase dobrou na última tentativa em relação à primeira etapa do exercício, lá atrás. Antes ele se movia como uma haste fincada, com amplitude de um círculo pequeno à sua volta. Agora ele tinha um movimento elíptico, oval, muito mais amplo em todos os sentidos, principalmente o lateral.

–Muito bem, Alfredo-san. Reparou como a nossa capacidade de fazer as coisas depende da forma como utilizamos os nossos recursos? Reparou como nossa ação tem limites e como uma parte deles é autoimposta?

– Nossa, sensei, a liberdade que eu senti quando comecei a girar os pés e esticar as pernas foi enorme!

– Exatamente, Alfredo-san. A lição de hoje é que a liberdade sempre tem um campo delimitado de ação. Nós somos livres para fazer o que podemos

Liberdade: fato ou ilusão?

fazer. Em certa medida, a liberdade nós definimos pelas suas fronteiras. A gente só é livre para fazer o que podemos fazer.

— Eu me lembro de quando era criança e a bota soltava do meu pé e não me deixava correr. Eu não era livre para correr, porque o próprio ato estava fora do meu alcance.

— Isso, Alfredo-san. Mas, no caso da bota, a limitação da liberdade era externa. O mundo te dizia o que você não poderia fazer. O mundo empurrava para dentro as fronteiras da sua liberdade. Aqui no exercício foi você que as empurrou para fora.

E assim Alfredo-san descobriu que toda liberdade tem fronteiras. Elas podem ser externas ou autoimpostas. Elas podem ser físicas, emocionais, morais, econômicas ou sociais. As fronteiras da liberdade sempre existirão. São empurradas para fora quando aprimoramos nossas capacidades, quando nos permitimos ir além, quando podemos mais, quando somos mais. Liberdade positiva, de ação, de participação.

As outras forças que podem alterar a fronteira, limitando ou expandindo a nossa capacidade de agir, são externas. Pode ser por não lutar contra, aplicando o conceito que chamamos de liberdade negativa, a não-interferência. Pode ser facilitando o acesso a condições de aprimorarmos nossa capacidade de ação, seja pelo exercício físico, seja pelo acesso a equipamentos de saúde, a políticas públicas de incentivo às artes, ao esporte, à leitura. Cada um desses suportes tem o potencial de expandir nossas fronteiras da liberdade, abrindo novas possibilidades de existência.

Pois a liberdade precisa de um universo de possibilidades para ser ela mesma possível. Sem mundos possíveis, não há liberdade, por pura falta de escolha. E a liberdade sem nenhum freio somente ocorre na mais absoluta solidão e isolamento. E aí acabam-se as escolhas por falta de mundo sobre o qual agir.

Capítulo 16

Gás ou silicone?

— Mas Clóvis, onde você achou esse curso de filosofia em francês?
— Guguinha, você consegue responder essa fácil.
— Na França, né? Dãããã!
— Obviamente. Na minha livraria favorita em Paris. Em uma época em que a gente comprava as coisas fisicamente.
— Olha lá, Clovão! Dez minutos pra chegar na pamonha!
— Já quase sinto o cheiro!

* * *

Foram quatro anos em Paris. Com momentos que mereceriam alguma saudade. E outros, nefastos, que não consigo tirar da cabeça.

Eu frequentava uma livraria, entre todas que passasse pela porta. Chamava-se Joseph Gibert. Descendo o Boulevard St. Michel à esquerda. Entre o Jardim de Luxemburgo e o Sena. Batia cartão, de segunda a sábado.

A razão da assiduidade é fácil de explicar. As livrarias universitárias na França, não sei se todas, porque não as conheço todas, têm um poderoso mercado de livros usados. Ditos *d'occasion*. Vinham marcados na lombada com um singelo adesivo amarelo.

Em muitos casos, eram vendidos por um valor bem inferior aos novos. Por isso, alguns exemplares eram bastante procurados por estudantes de acanhados recursos, como eu. Assim, para conseguir as melhores ofertas, era preciso passar todo dia.

E aí não tem jeito. Mesmo um sujeito macambúzio como eu acabava conhecendo os empregados. Todos eles.

Interessei-me pelo critério que definia os valores dos livros *d'occasion*. *D'ocaz*, como eles dizem, abreviando. Por acaso, vi um rapaz, etiquetando uma quantidade impressionante de livros que ia tirando de uma caixa gigantesca.

Com uma centena sobre o balcão, pegava um a um, olhava o preço na contracapa e, no tempo de virar a obra e abrir a primeira página, definia o novo valor.

Perguntei se poderia acompanhar a operação. Felix era o seu nome. Com tônica no "ix". Senegalês, sorridente, bem-humorado e muito brincalhão.

Observei que, na primeira página, havia um número grafado a lápis, bem discretamente. Supus ser o valor pago pela livraria aos vendedores de livros usados. Estes se apresentavam junto a uma portinha pouco nobre, na lateral do estabelecimento, numa rua de travessa.

Muitos deles eram leitores de livros novos, vendendo tão somente os seus próprios. Mas outros eram revendedores profissionais, que passavam pelos bairros, recolhendo livros usados ou pagando uma ninharia por eles. Como as carroças de jornais velhos, no tempo em que existiam jornais de papel em montante significativo.

De cara, percebi que o estado físico do livro era sempre considerado. Dobras na capa. Orelhas nas páginas. E, sobretudo, rabiscos, grifos ou escritos, a lápis ou a caneta. Tudo isso contava bastante.

Porém, livros igualmente conservados poderiam ter reduções de preço bem discrepantes. Intrigado, demorei-me em alguns. Foi o suficiente para ele intuir a dúvida.

– Esses mais baratos, mesmo em bom estado, já sei que não têm saída. Já estes outros, bem surrados, não ficam na estante até amanhã. Então eu tenho que subir o preço.

– Mais alguma coisa conta? – perguntei.

– Claro. Os livros que eu mesmo li. Quando gosto muito de uma obra, quero muito compartilhar. Então, incentivo o consumo e diminuo o preço. Mas, por Deus, isso fica entre nós. – E concluiu com uma gargalhada de boca aberta e feliz.

O leitor não precisa acreditar. Porque não é mesmo verossímil. Mas, no preciso e exato momento em que escrevia este texto, agora mesmo em 21 de fevereiro de 2021, o Gustavo manda, por WhatsApp, a notícia de que a livraria de que estou falando fechou as portas. É um bom pedaço da minha vida que já se instala na última mortalha.

Estou realmente impressionado. Agora, só amanhã.

* * *

Hoje é o amanhã de ontem. E eu, que já sonhei tanto abrir uma livraria, numa cidade qualquer do interior do nosso país.

Melhor não. Há sonhos que devem conservar para sempre sua natureza.

* * *

Imaginem uma loja semelhante, onde empregados treinados como o senegalês Felix definissem o valor de outras coisas que não livros. Um brechó, talvez. Quem sabe um antiquário, ou uma joalheria.

Só que, no lugar disso tudo, o que se avaliaria seriam as ações das pessoas. Suas deliberações, decisões, escolhas. De pessoas, tanto ou mais estranhas do que os vendedores e compradores de livros usados. Uma feira de valores da alma, de montantes morais.

A hipótese não é tão delirante. Afinal, no confessionário, tão familiar aos que levam o catolicismo ou o Big Brother a sério, relata-se uma conduta

Liberdade: fato ou ilusão?

ao sacerdote, ou ao público, previamente subavaliada como um livro usado, e o preço sai em forma de penitência ou fofoca nas redes sociais. Pelo número de Ave-Marias – ou seguidores – comparativo ao de estripulias do passado, aquilatamos o valor da nossa ação.

* * *

A história é conhecida. Não foram poucos os casos semelhantes. O exército nazista convoca Franz Jager (sobrenome falso). Ele se recusa a apresentar-se, mesmo sabendo que tal decisão corresponderia a uma condenação à morte. A família lhe suplicou que mudasse de ideia. Foi executado aos 36 anos.

A decisão de Franz chega ao nosso avaliatório. Trata-se de um bobão iludido ou de um herói idealista? Que valor tem a recusa de Franz?

Manda pro Felix da loja da moral. O nome dele é Kant. Menos sorridente, menos simpático, mais reservado e, suponho, mais rigoroso que o senegalês. Sem que isso quisesse dizer autoritário. Pelo contrário. Instava a todos com quem interagia a pensar por conta própria.

Era alemão. Na época, a Alemanha ainda era Prússia. Não migrou como Felix. Pelo contrário. Nasceu, viveu e morreu na mesma cidade. Não era dado a aventuras.

Consta que era bastante metódico. Trabalhou por muito tempo como professor. E só na maturidade, com seus 60 anos, resolveu deixar por escrito os critérios que propunha para valorar as decisões humanas. Escreveu sobre outros assuntos também.

* * *

Você se lembra! Para resumir: Felix, para atribuir valor aos livros usados, levava em conta seu estado de conservação, o consumo médio e o efeito presumido ao comprador em função do apreço pessoal do avaliador.

E Kant? Na hora de atribuir valor moral a uma ação, recorria a que critérios?

Bem. Vou começar por minha conta e risco. Kant é tão importante que até para simplesmente apresentá-lo é preciso pisar em ovos.

O primeiro critério é um não critério. Isto é, o que ele não usaria nunca. Que não interfere, de jeito nenhum, no valor de uma ação. E qual é esse famoso não critério?

As consequências da ação. Se você preferir, os seus efeitos. Sejam quais forem. Não importa. De jeito nenhum.

* * *

Em uma manhã ordinária, dessas que tinham tudo para se juntar às outras sem alarde, acordei em meio a pequenos insetos voando bem na minha cara.

O estranho é que ninguém mais os via. Os voadores e suas peripécias eram exclusividade do meu espetáculo perceptivo. Não correspondiam à realidade percebida de ninguém mais.

Seria tudo obra da minha mente?

Não era. Tinha nome certo. Descolamento de retina. O papel de parede do fundo do olho estava rasgado. Possivelmente pelo ressecamento do vítreo, que é uma gosma que serve de recheio ao olho.

Segundo os porta-vozes da ciência, sempre em seus jalecos brancos, era preciso operar de urgência. Dois métodos eram possíveis. Gás e silicone. O primeiro apresentava um inconveniente: proibição, por alguns meses, de viagens aéreas. Para lá de significativo para quem voava diariamente.

Então, silicone. Alternativa remanescente.

Nos primeiros dias após a operação, visão impecável. Sucesso! Mas, no 11º dia, visão zero.

A literatura mais recente, ignorada pelo meu cirurgião, explica. O silicone, em alguns casos, tipo mil para um, determina a necrose da retina. E leva justamente esse tempo de dez dias para realizar a sua operação devastadora.

O argumento do médico foi de que o procedimento fora realizado com perícia. E que a retina estava coladinha.

Liberdade: fato ou ilusão?

Eis como passei a me apresentar dali em diante: "cegueta da retina coladinha".

Essa história, a minha verdadeira história, ajuda a entender um pouco a conversa de Kant. A consequência da cirurgia foi visão zero. Mas também foi retina coladinha.

Muita coisa interfere na causalidade.

Entre a ação causadora e suas consequências. Uma ocorrência costuma ter muitas causas. Sem uma delas, já não teria existido. Sem falar que efeitos são causas de outros, estes, por sua vez, de outros, e assim por toda a eternidade. Seria, portanto, absurdo atribuir um valor a uma ação a partir de ocorrências que se seguem, sobre as quais o agente não tem nenhum controle.

* * *

Bem. Vimos, por enquanto, o tal do não critério. Essa expressão é minha. Portanto, você pode ignorá-la sem nenhum arranhão à sua erudição filosófica. As consequências de uma ação, por mais horríveis que sejam, não são, de jeito nenhum, o critério que permite atribuir-lhe algum valor moral.

Resta agora saber qual é o critério.

Para Kant, a única coisa a considerar para atribuir valor moral a uma ação é ela própria. Independentemente do que venha a acontecer na sequência.

O mal é inadmissível, a despeito de todo o bem que, supomos, possa dele decorrer.

A frase, das mais citadas da história do pensamento, em que Kant resume seu entendimento sobre o valor moral de uma ação, encontra-se bem no começo da *Fundamentação da metafísica dos costumes*.

"Não há nenhuma possibilidade de se pensar coisa alguma no mundo, ou mesmo fora dele, que possa ser considerada boa sem qualificação, exceto uma boa vontade".

O que isso quer dizer?

O que permite definir o valor de uma ação não é exatamente o que o agente faz, como o movimento do corpo, a transformação do mundo ou as palavras que saem da sua boca. O valor da ação está no motivo ou na razão pela qual o agente decidiu fazer o que fez.

Todas as outras coisas boas do mundo dos homens, como beleza, boa aparência, fortuna – no sentido de sorte –, coragem, astúcia, inteligência, talentos mil, como cantar bem, desenhar bem, correr rápido, etc. – e até mesmo a felicidade – só serão realmente boas, isto é, só terão valor moral positivo se a pessoa for boa por dentro, como se diz, se o seu conteúdo for bom, se tiver, nas palavras de Kant, uma boa vontade.

Assim, podemos encontrar lindos tiranos, sortudos escrotos, ricos pérfidos, corajosos crápulas e violadores aparentemente felizes com suas práticas.

A única coisa que importa, em qualquer tempo e lugar, da antiguidade à pós-modernidade, de Sertãozinho a Marte e muito além, é a boa vontade do agente. O resto, todo o resto, só será bom porque há boa vontade conferindo o seu valor.

E a liberdade?

Nossa. Essa vontade de Kant, como também a de Rousseau, que o inspirou, é a própria liberdade para deliberar, para decidir, para escolher, para agir, em suma. A vontade livre e soberana, que poderá ser boa ou não, é o que nos discrimina do mundo da animalidade instintiva. Onde só há respostas rígidas e previsíveis a estímulos que lhes dão causa.

Capítulo 17

Terêncio para senador

Enfim, uma parada.

Dormi todo torto. Pescoço travado e dolorido. E o estômago embrulhado. Bem embrulhado. Também, pudera. Nunca como nada pela manhã. Fui encarar logo três pães de queijo! Somam-se os sacolejos a bordo e um sono fora de hora no carro em curvas... Ficaram faltando só as chicotadas para tirar nota A no boletim da escola estoica.

Não é à toa a simpatia por Epiteto.

* * *

Seu Terêncio parecia um homem orgulhoso. Nem teimoso nem cheio de si. Apenas alegre com seu jeito de ser. Com os princípios que respeita. Com a moral que norteia sua vida. "Paraibano lá de antes", como ele sempre diz para se apresentar. Que incorporou traços fortes do jeito caipira local. Hibridismo de culturas, denominam os antropólogos.

Batalhador, formou-se, aos dentes serrados, em Contabilidade na faculdade dali mesmo. Chegou a trabalhar com números e balancetes por um bom tempo. Mas sua praia era mesmo a pamonha. Do milho que ele mesmo plantava na "rocinha dos fundos".

* * *

Contador, auditor, pamonheiro, não importava muito o ofício. Chamavam a atenção sempre a altivez, a intransigência com o opaco, o rigor com o prescrito, a indignação com a canalhice.

– Aqui, professor, o Windows tem licença. Pago até o Drive. Todo mundo registrado. Não é mesmo, Jacinda?

– É, sim, senhor. Minhas férias, vou tirar mês que vem e já recebi o terço e tudo.

– Terço? – perguntou um rapaz no balcão.

– Pela lei trabalhista, toda vez que um funcionário sai de férias, ele recebe um bônus de um terço do salário a mais. Para desfrutar e descansar bem.

– Pois tão aí duas coisas que nunca tive: terço de férias e terço de reza – retrucou o rapaz.

* * *

Cabana da pamonha. O local da parada. Escolha do Gustavo.

Haverá de ter uma Coca. Tem horas que só ela mesmo para desatar o nó. Dar uma solução ao que está amarrado. Parece que Diabo Verde também funciona. Mas não consegui me acostumar com o gosto. Acho que é porque, no imaginário que me emprestaram, diabos nunca foram verdes.

Para o Gustavo, duzentos anos mais jovem, a história é bem outra.

Pedida ideal depois de *fuck foods*. E de *foods* em geral. O ambiente estava animado. Chegamos na hora da fornada. Odores de milho invadiram os pulmões, preencheram alma e papilas.

Como poderia Jacinda pretender férias se trabalhava no paraíso?

* * *

Liberdade: fato ou ilusão?

Naquela manhã, seu Terêncio parecia mais indignado do que de hábito.

– Professor, outro dia me lembrei muito do senhor. Passou um fiscal querendo "conversar". Disse que adorava pamonha, mas que tinha identificado irregularidades: "Coisa pouca! Nada p'alarmá! Compreendo sua situação!"

– Não entendi bem qual era a minha situação. Devo ter posto cara de javali acuado. Mas ele foi logo tranquilizando: "A gente pode resolver tudo isso sem muito alvoroço. Tô toda hora passando por essas bandas. É sempre bom um agrado. Acolhimento com carinho."

– Epa, seu Terêncio!!! Quer dizer que rola um trelelê de vez em quando ali no quartinho? – perguntou o cliente saliente, que já ia para sua segunda pamonha, esta com goiabada.

– Rapaz! – reagiu Terêncio, esticando o segundo "a" com a voz mais gutural que nunca. – Aqui não tem disso, não. Virei pro cabra com o queixo erguido e fui logo dizendo: "Façavor de multar tudo que tiver errado. Depois vou ver meus direitos. Tenho cliente doutor que me defende lá na cidade. Quando auditava recusei viagem para Comandatuba por um mês com tudo pago. Não ia ser agora que ia sustentar vagabundo a pamonha!".

– Coragem, hein, seu Jô!

– Coragem, não: decência.

* * *

– Seu Terêncio, por favor. Uma pamonha pura para mim, extragrande, e uma Coca Zero para o Clóvis.

– Ué. Não acredito que o professor vai perder essa. Tá de dieta?

– Antes fosse, seu Terêncio. Tô todo revirado. Fui exagerar lá em Confins e olha no que deu!

– Quer um sal de fruta?

– Olha que pode ser uma boa.

– Jacinda. Pega lá um saquinho de sal de fruta pro professor.

E veio uma primeira pamonha. Uma daquelas primeiras pamonhas. Aquelas que definem o que é sublime. Tornam o mundo um lugar bom, acolhedor. Trombetas soavam pelos corredores da cabana, a sinfonia dos motores na estrada harmonizava-se, até a matéria da tevê ficava alegre e divertida.

* * *

– O senhor era auditor?

– Por um bom tempo. Dos números eu sempre gostei, eles não mentem. Já as pessoas... Vocês ouviram a história que eu estava contando, né? Pois bem, os números só revelam quem as pessoas são. Ainda mais se os números representam dinheiro. Aí revelam a alma inteirinha.

– Como assim? O senhor... você está dizendo que olhar para o dinheiro de alguém é como olhar pro lixo dessa pessoa?

– Um pouco isso. Mas o lixo mostra o que uma pessoa consome. Uma auditoria mostra o que ela subtrai.

Nós, que estávamos com as bocas cheias, improvisamos uma vocalização de entendimento sem abrir a boca, uma espécie de mugido gutural que vai se agudizando e indica uma descoberta ou aprendizado: "mmmmmmmm!!"[2]. Ao quadrado porque foram dois mugidos simultâneos. No fim, a verdade é que não acho que entendemos muito bem o que ele disse, não. Segue a conversa.

– Professor, outro dia vi seu vídeo sobre o brio. "Vergonha na cara! Senta a bunda na cadeira e estuda! Para quem sempre viveu na penúria, é isso ou nada!" Adorei. "Vá ser burro assim na cadeia!" KKKKKKK. O senhor é o cara do brio, e eu sou o cara da broa! Tira uma *selfie* comigo! O brio e a broa! Dupla sertaneja!

– Deixa só eu terminar a pamonha e já tiramos, seu Terêncio. Com todo o prazer. Aliás, está boa "dimaidaconta", como dizem nas Minas Gerais!

– Isso é porque nós só usamos matéria-prima de primeira. O pessoal por aí manda botar na nota uma coisa, mas na entrega vem outra. Vem milho ruim, pequeno, verde demais, sem gosto. Aqui não, o milho sou eu que planto. O resto, eu pago mais, mas exijo que não tenha lero-lero.

Liberdade: fato ou ilusão?

Vem a coisa boa! A certa, na verdade, né, porque todo mundo paga por esse – disse, apontando para uma espiga de milho atrás do balcão –, mas nem todo mundo leva.

– Mas por que as pessoas fazem isso de pagar pelo caro e ficar com o barato? – pergunta Guguinha, aflito, terminando a sua primeira pamonha.

– As pessoas não estão de verdade pagando pela mais cara. Elas compram a barata e o resto distribuem. Para o fornecedor, para a diretoria... uma parte do dinheiro pode ficar num caixa separado para pagar propinas. Mas, quando coloca no balanço, está lá, despesa feita. O dinheiro sai, sem sair.

– Ah, é o famoso caixa dois.

– E às vezes tem o dois, o três, o quatro...

– Rapaz...

– Professor, o que a ética tem a dizer sobre isso?

– Ah, tem um monte de coisa.

– Olha, eu tenho história para contar, viu! Essa aí de Comandatuba foi a que me fez sair da profissão. E olha que eu conheço o lugar. É um paraíso na terra. Uma coisa, assim... fantástica, fenomenal! Mas eu não tenho preço. Poderia ser uma vaga no STF que eu não me curvaria.

* * *

– Nessa minha vida de auditor eu já passei por banco, por multinacional, por firmas pequenas, familiares, governos e até ajudei com as finanças da família (não recomendo, aliás: as pessoas mudam com você quando você sugere que elas têm que cortar gastos e pagar as dívidas em vez de buscar estratégias de blindagem patrimonial).

"Então, no fim da vida, eu estava a fim de fazer o pé-de-meia final e fui trabalhar a pedido de uma amiga *headhunter* em um banco. Nunca gostei de banco, sempre me sinto mal quando vejo uma fórmula de juro composto. Tem alguma coisa de errado nessa coisa. É como a expressão matemática da maldade.

"Mas eu fui. E estava fazendo meu trabalho tranquilamente. O banco tem muitas e muitas áreas, vários sistemas de controle, várias regulações. Mas também tem muito poder. Mas muito poder. Vocês não imaginam, mas tem muito poder. E paga bem, também.

"Enfim, estávamos eu e minha dupla trabalhando numa operação de rotina, fiscalizando uma fusão: o banco tinha acabado de adquirir um outro, menor, que estava em apuros.

"Aí nós descobrimos que os apuros deveriam ser menores do que os declarados. *Follow the money*! Seguimos. E fomos longe, viu? Tinha dinheiro na Suíça, dinheiro nas Ilhas Cayman, nos Estados Unidos, na Malásia, em Hong Kong, em Cingapura, e mais uns cinco ou seis países.

"A gente não tinha exatamente como saber para quem foi o dinheiro. Não deu tempo, porque precisaríamos acessar *logs* mais detalhados, desbloquear levava tempo e passava por mais de uma área do banco, o que geraria uma certa reação do que a gente chamava de células T da corrupção.

"Tinha em quase toda empresa onde trabalhei. É um sistema imunológico que luta para impedir que as maracutaias sejam reveladas. O problema é que auditor bom pega. Cedo ou tarde, pega. Os números sempre falam. Às vezes mais baixo, outras vezes mais alto, mas falam. E, quando a gente treina o ouvido, a gente ouve. Ô se ouve, professor! É cada segredo que eles já me contaram que, se eu contasse para você, as estruturas da República se abalariam! Mas eu só posso falar sem detalhes, por causa dos contratos de confidencialidade.

"Enfim, o fato é que tudo mudou logo na primeira vez que reportamos os encontrados, dez dias antes de nos darmos conta de que a quantia era praticamente a mesma que o governo tinha liberado para, como dizer em termos leigos? Bem, para garantir a operação de fusão. E olha que só ficamos sabendo disso porque pedimos um documento da outra área para uma estagiária que não validou com o chefe antes de mandá-lo para nós!

"Então, era como se o banco fosse uma cama elástica. O dinheiro veio, pingou no banco e se espalhou pelo mundo.

Liberdade: fato ou ilusão?

"Bem, quando nós reportamos, sem saber muito bem o tamanho do buraco, as células T vieram, e vieram rápido. E olha, professor, eu sei que, quando elas chegam, eu fiz o meu dever, sabe? Eu peguei a sacanagem. Eu tampei um cano de dinheiro que estava vazando. É ali que eu percebo que sou bom no que faço. Mas é um problema, porque você sabe o destino dos organismos que ficam no caminho das células T.

"Acontece que o que pegamos ali não era caso de retificação, não era nem um mero escândalo contábil. Não era diretor operando na bolsa com dinheiro do banco na conta pessoal. Não. Aquilo ali era coisa nível Al Capone. Coisa que vira filme do Costa-Gavras, sabe? Era uma das coisas mais escandalosas que a gente poderia imaginar. Ia chegar na PF, ia chegar na Interpol, não tinha como. Aquilo ali não ficaria escondido nem aqui nem na China. Mesmo não tendo ido dinheiro para lá.

"As células T disseram para nós que o caso tinha levantado uma grande preocupação da empresa e que levaria 15 dias para juntarem toda a documentação que a gente precisaria para tirar tudo a limpo. O que foi bem curioso, porque estávamos com 15 dias de hotéis pagos no Rio de Janeiro, até o fim do nosso trabalho. *All inclusive*. E disseram para nós esperarmos – sem trabalhar em nada.

"Ficamos 15 dias como turistas no Rio de Janeiro à custa da empresa. Tínhamos certeza de que continuaríamos o trabalho depois. Não sabíamos que aquela turma era a das células T. A gente achou que jogassem no nosso time.

"Então aproveitamos. E foi ótimo, viu? Foi muito divertido! O fato de não ter que pagar pela comida no Rio de Janeiro é uma grande vantagem em relação aos turistas!

"E aí chegou o dia em que descobrimos a farsa. Eles usaram os 15 dias para bolar um plano de saída que envolvia a contratação de uma firma exclusivamente para o nosso trabalho e queriam nos mandar mais 30 dias de férias em Comandatuba, com uma diária de mais de 2.500 reais. E disseram que não só poderíamos levar acompanhantes, como poderiam ser quais e quantos quiséssemos."

– Eu levaria só as meninas da noite – disse o já empanturrado cliente que estava lá desde antes e ouvia atento a conversa.

– Ô Eulógio, você não aguenta nem uma, que dirá várias! – retrucou o auditor aposentado, continuando. – Enfim, professor, os caras me ofereceram isso achando que eu ficaria tentado pelos 15 dias no Rio de Janeiro. Eles iam passar um pano na coisa toda e esperavam que tudo ficasse por isso mesmo, sem ninguém perceber.

"Estavam erradíssimos sobre as duas coisas. Primeiro que de jeito nenhum, em nenhum lugar do universo, eles não seriam pegos – inclusive vários estão presos e outros eleitos; segundo que eu jamais, de jeito nenhum, deixaria de fazer a coisa certa.

"E não é porque eu sou chato, não! É porque a gente está neste mundo para fazer a coisa certa. O que nem sempre é o mais fácil, ou o esperado. Porque, professor, se a gente pensar somente no que é melhor para nós, a gente vira bandido. Não tem jeito, não.

"Então eles me mandaram embora. E eu não aceitei que me dessem nem um centavo a mais do que a lei determinava. Por mais que eu estivesse me aposentando e por mais que esse dinheiro fosse permitir que eu tivesse algo mais do que uma cabana da pamonha.

"Eu queria ter o palácio, a torre de marfim da pamonha. Mas ela levaria junto a minha consciência. Era errado. E eu não aceitei, mesmo querendo e precisando muito do dinheiro."

– Seu Terêncio, o senhor é um kantiano de carteirinha. Quero dizer, um seguidor das ideias do filósofo Immanuel Kant. Puxa na garganta pra falar. Káááááánnnnt.

– Kaaaaannnnt....

– Quase lá! Ele dizia que, grosso modo, nós temos duas grandes formas de obter conhecimento: pela experiência e pela razão.

A razão pura nos permite obter conhecimento sem precisar observar o mundo. Acontece na matemática. Bem como nas proposições de Einstein. Por falta de instrumentos, só décadas depois puderam ser observadas. E ele, só com a massa cinzenta trabalhando, já tinha chegado lá.

Liberdade: fato ou ilusão?

— Entendi, professor. Mas eu gosto de conhecer mexendo nas coisas. Fuçando eu mesmo. Adorava aulas de laboratório. Gosto de comprovar com meus próprios olhos.

— Eu entendo. Mas, para Kant, as coisas que a gente conhece pela razão pura conseguem quebrar a relação causal entre as coisas materiais. São autossuficientes. Não carecem de uma causa material.

* * *

"E aí vem o pulo do gato de Kant. A gente só é livre de verdade quando age segundo esse tipo de conhecimento. Esse que não depende de nenhuma consideração sobre o que acontece no mundo material. Esse que a gente só descobre na razão. Então Kant chamará esse tipo de conhecimento de dever.

"Olha só que legal: o dever não precisa tentar entender como é o mundo para ser um dever. Uma lei moral não precisa de um mundo para o qual responder. Ela é uma lei, logo serve a todo e qualquer tipo de mundo. Uma lei e um dever que valem por si mesmos, ou seja, são universais a todos os seres racionais, em qualquer lugar.

"A gente age movido por uma de duas forças. O desejo ou a vontade. Parece que são a mesma palavra, né? Mas o desejo é a parte suja para Kant, a parte do corpo, aquela guiada pela necessidade, relações causais inexoráveis. A vontade é a nossa razão. O desejo, você já deve ter percebido, não é onde fica o dever. O dever é coisa da vontade.

"Aí Kant dirá que a gente deve agir sempre no sentido do dever. Mas isso pode acontecer de duas maneiras: por acidente e por dever. Por acidente é quando o que você quer fazer pelo desejo, pelos seus afetos e emoções, é aquilo que o dever manda fazer. Aí é meio que você fazer o certo pelo motivo errado. Acertou por acaso. Mas, quando a gente age por dever, aí a coisa é diferente. Agir por dever é agir contra o próprio desejo. Agir por dever é, unicamente pela razão, negar a cadeia material e fazer o que o dever manda, mesmo quando o desejo manda o contrário.

"Percebe que, quando você disse que queria muito passar mais tempo de férias com tudo pago, que você queria se recompensar por 40 anos de trabalho incorruptível e, mesmo querendo isso, por causa da lei moral, rejeitou todas essas propostas tentadoras?

– Foi isso mesmo!

– Então Kant diria que você foi livre aí. Você interrompeu uma cadeia inexorável de relações materiais, você foi livre. Resistiu, a partir de uma ação que reconheceu que todos deveriam ter feito, em qualquer situação, não é mesmo?

– Sim! Todos deveriam rejeitar a maracutaia, sempre, em qualquer situação!

– Então você definiu um imperativo categórico!

– Uau, que legal! Então, professor, agora vou te mandar um outro imperativo, ok? Um dever a ser seguido por todos, para que o mundo seja melhor, pode ser?

– Pode ser!

– Se você quiser um mundo sem fraudes, pode começar olhando a prestação de contas do seu condomínio! Certamente é uma coisa que ninguém quer fazer, então quem fizer será livre de verdade! E, olha, dou uma pamonha para cada um que descobrir uma despesa estapafúrdia, como, por exemplo, comprar canos de cobre para transportar esgoto! É como comprar uma Ferrari para transportar esterco. Tudo em nome do que entra por fora.

A conversa com Terêncio ia longe. Mas nós já tínhamos estourado todos os limites. Despedimo-nos prometendo pronto retorno. Já estávamos no carro quando Jacinda apareceu, em seu vestido solto, com três pamonhas embaladas para viagem. Lembrança do seu Terêncio.

Capítulo 18

Muletas ao chão, adoradores da terra

Depois de tantas paradas, restou-nos correr contra o tempo. Sempre de olho nos radares, nas mudanças de limite de velocidade, nos locais de ultrapassagem. Gustavo avança, com os faróis acesos, mesmo à luz do dia. Acelera respeitando as regras, mas não perde viagem, motociclista que é.

Contei três ultrapassagens que nunca teria ousado fazer.

* * *

– Ligação de Alfenas.

Esse pessoal de eventos é sempre muito pilhado. Entendo perfeitamente a posição espremida entre o cliente, que exige todos a postos no dia anterior, e o palestrante, que fica no evento o estritamente necessário para dar o seu recado.

– Professor, onde o senhor está?
– A caminho.
– Mas a caminho onde?

– Em um lugar incerto, entre a origem e o destino. Há uma vegetação em torno da estrada. A rigor, para ser preciso, encontro-me entre um pedágio e o seu subsequente. Por sorte, temos um artefato que ergue a cancela e nos poupa das filas. Indo em velocidade constante e sabendo a distância que falta para percorrer, podemos calcular com facilidade o tempo que nos separa.

– O senhor acha que ainda falta muito para chegar?

– Esse muito é sempre um problema! Como tudo que é relativo, sem que se saiba direito a quê. Se você considerar que, no dia de hoje, vim de BH, passei por São Paulo e, só então, parti para Alfenas, certamente não falta muito.

– Acha que chegará em tempo?

– Com certeza. Se chegar, será em tempo. Em algum tempo. É sempre no tempo em que a vida se dá. Como tudo que começa e termina. O nascimento, em 1965. Em outubro. No dia 21. E a morte, que também terá sua data para completar a lápide. Assim, se eu não chegar, a vida terá se exaurido. Também no tempo. No caso de ainda subsistir alguma alma imortal, aí, sim, deixarei a temporalidade para viver na eternidade. Mas a palestra terá que ser cancelada, suponho.

– Pergunto apenas se chegará no horário marcado para a palestra.

– No que depender de nós, sim. Mas a vida não é constituída apenas disso. Há também o que nos escapa. O quinhão de ocorrências regidas pelo acaso. E, nesse quesito, nada podemos assegurar.

– O senhor está usando algum aplicativo de localização?

– O Gustavo está. É o condutor do veículo. Diligente e precavido que só.

– A que horas ele diz que chegarão?

– Um momentinho que estamos fazendo a consulta. A informação é que só Deus pode, neste momento, dar a resposta com precisão.

– Professor. Pelo amor de Deus. Quanto tempo falta?

– Segundo a previsão do aplicativo, chegaremos doze minutos antes do início da palestra.

– Ah, bom. Ufa. Embora não haja muita folga, vai dar tudo certo!!!

Liberdade: fato ou ilusão?

– Essa conclusão é sua. O aplicativo faz estimativas a partir do que o veículo vai informando. Basta que alguma ocorrência altere a tal velocidade média prevista e ele terá que recalcular, desmentir-se, desculpar-se e, constrangido, reconhecer que subestimou o imponderável.

– KKKKK. Esse professor!!! Estou mais tranquila. Vai acabar chegando no horário.

* * *

O povo de Alfenas é muito acolhedor. Aliás, mineiros em geral. Sinto-me sempre em casa. A cidade traz boas lembranças. O clima costuma ser ameno. Justamente hoje, o cisne negro mostrou suas garras. Meu pai usava a expressão "mosca branca" para ocorrências raras e inesperadas. Mas não faz mal. O suor leva consigo as toxinas. É o que ele dizia também.

Curioso ter que sair do estado para, na mesma manhã, voltar, passando por São Paulo. Bem, faz parte do glamour. Chegar a Congonhas, sem ir para casa, desperta estranha frustração.

Dessa vez a palestra não era para gente da cidade. Nem de Minas eram. A maioria vinha de longe. Alguns, de outros países da América Latina.

O lugar é lindo, um clube, cheio de nostalgia, invoca – dos labirintos da memória – os tempos de adolescente. De jogar bola e tentar namoricar.

A palestra é em espaço aberto. Ao relento.

Tudo que havia de bucólico, convivial, familiar, bom para repouso e divertimento, não havia de adequado para um evento com aquele escopo e daquele porte. Nada colaborava. O equipamento era improvisado, o som não chegava direito a ninguém, retorno zero.

O vento elevava a voz, levantava saias, carregava pertences, não parecia entender o montante investido na ocasião. O calor sufocava, molhando aos poucos as roupas, de dentro para fora. Ah. As crianças pareciam agitadas. Ninguém pensou em entretê-las adequadamente. Algumas corriam. Outras gritavam. E as menores choravam, manifestando seu desconforto.

Como imaginar uma palestra sobre ética, conceitual, portanto, naquelas condições?

Bem. Momentos assim permitem distinguir um profissional de um picareta. Tudo isso se resolve com estratégia, energia e alguns gritos.

* * *

Mais difícil foi reverter o estrago do mestre de cerimônias. Celebridade dos tempos em que se amarrava cachorro com linguiça. Em luta vencida para continuar na ativa.

Quando subiu ao palco, o público ainda gargalhava. Alguém talentosíssimo concluíra com estrondoso êxito seu *stand-up* e agradecia as palmas. Ele aproveita para enaltecer o desempenho do humorista e lembra a todos que havia antecipado a excelência da apresentação.

– Eu disse que esse cara era foda. Viram só???

Hipocrisia ou pudor genuíno, o termo chulo não pegou bem. Mas sempre é possível cavar mais, quando já não se vê a luz lá em cima, na entrada do poço.

– Meus amores, silêncio agora. Não é só riso e diversão que nos fazem falta. Agora que já se alegraram, vamos passar à parte séria do nosso evento. É chegada a hora do puxão de orelha. E, para isso, trouxemos um professor. Um acadêmico. Grande autoridade em moral e ética. Ele nos dirá o que podemos e não podemos fazer. Depois, se fizerem bobagem no trabalho, não poderão alegar que não foram avisados. Para que você possa conservar seu emprego, uma salva de palmas para o professor Clóvis de Barros!!!

Os aplausos foram protocolares. Tímidos. Setorizados. Um pouco mais robustos nas duas primeiras fileiras, habitualmente reservadas aos gestores do topo da hierarquia. A galera mesmo, da terceira fileira em diante, recebeu-me com frieza, desconfiança e desdém.

Também, pudera!

Quando a plateia é moralmente humilhada pelo representante do patrão ali no palco, não há situação pior. O discurso do mestre de cerimônias a

Liberdade: fato ou ilusão?

respeito da minha fala equivaleu a um cinto de castidade com tranca reversa. O tal professor Clóvis de Barros havia sido apresentado como um híbrido de capataz e pentelho mor.

Sentia-se como nessas eliminatórias em que, no primeiro jogo, a equipe favorita vence a rival jogando fora de casa por 6 × 0. A missão é devolver o placar no campo do adversário. Para disputar nos pênaltis. Você entra em campo com 90 mil gritando contra e do outro lado do campo assiste a três dos melhores jogadores do mundo se aquecendo.

* * *

Seria preciso recorrer a todas as melhores armas. Arranquei com a história do cara que foi me buscar no aeroporto e, no desembarque, aguardava-me com uma plaquinha com o nome dele, não o meu.

A reação foi mitigada. Muito aquém do esperado. Eu era vítima de uma resistência de classe. Pareciam determinados a não aderir.

Como se não bastasse, ouviam-se agora marteladas ritmadas, em labor de longa duração aparente. Eram pancadas de metal em metal. Como se tentassem encaixar um cano em outro.

Percebi que, se eu seguisse o caminho habitual e apresentasse, após a história de abertura, algum conceito, perderia para sempre a plateia.

Então, ataquei com a história da pamonha. A primeira delas, com aquela fome toda, encantou. A segunda, que, ao entrar, já encontrou uma no bucho, alegrou bem menos. A terceira começou a desagradar. Empanturrar. A quarta, consumida no vaso, entristeceu de vez. A quinta adoeceu. E a sexta levou a óbito.

Agora vinha a parte picante. A comparação da pamonha com o matrimônio nunca tinha me desamparado antes.

A lua de mel corresponde à primeira pamonha. Após cinco anos você não suporta mais a consistência, o odor, a cor e tudo o mais. Até aqui, a insinuação, no limiar da vulgaridade, já era para ter seduzido.

Mas o arremate descambava, com efeito garantido.

É aí que você, não aguentando mais comer pamonha, diz que quer variar e comer um "curauzinho".

Enfatizei as sílabas. Com toda a convicção.

Tiro e queda. Na mosca. Vencidos pelo curau. A gargalhada ecoava em todos os cantos da plateia. Com direito a palmas precoces.

* * *

Mas era preciso tratar do tema. Eu tinha plena consciência da minha responsabilidade. Não fora contratado para substituir o Ari Toledo.

No entanto, temi uma mudança brusca de pegada. Poderiam sentir-se traídos. Eu tinha que conservar a leveza. Manter o tom de humor. E, muito discretamente, introduzir as palavras inovação, resiliência, desafio, protagonismo que foram encomendadas.

Tec, tec, tec. O martelo não dava trégua. As pancadas pareciam mais fortes. Eu já não via o Guguinha no seu posto. Talvez tivesse ido interromper aquele ruído perturbador.

Ataquei com a história da sunga. Era barata. Mas a estampa era ousada. Um coqueiro solitário na frente, e a bandeira do Japão atrás. Mais risos.

Mas a sunga tampouco ilustrava o tema da palestra. Era adequado para denunciar a falência da confiança na nossa sociedade. Tive que tirar a sunga para buscar o dinheiro no quarto do hotel e, só depois de pagar, poderia revesti-la.

O martelo encobria a minha voz. Eu já não ouvia o que dizia. As pregas, vocais, ameaçavam claudicar. Restou pedir clemência.

– Você não percebe que está tudo contra? Absolutamente tudo. E qual o sentido disso? O mundo está aqui debochando de nós. A realidade material é de uma truculência que nos aprisiona numa teia de acaso e caos.

"E eu aqui pensando que poderia ter trazido uma Coca bem gelada. Você talvez preferisse ar-condicionado, enquanto o mundo só esquenta."

Todos me contemplavam com compaixão. Percebi que era naquele instante ou nunca mais. Eu não havia viajado tanto para contar três ou quatro piadas infames. Precisava ensinar algo. Era tudo ou nada.

Liberdade: fato ou ilusão?

* * *

Nietzsche diz que a realidade é isso. Uma sucessão de acontecimentos inexoráveis que não conseguimos entender, tampouco explicar. Um mundo que nos é absolutamente indiferente, e, por isso mesmo, tão criativo para agredir. Não basta suar. É preciso assar na virilha.

Um mundo caótico, completamente desordenado, indiferente às nossas vontades, ao nosso arbítrio, à nossa frustração de nele existir. E, para combater isso, o que fazem alguns?

Criam mundos onde são senhores. Nele definem regras e normas que lhes convêm. Separam, classificam, impõem critérios. Dividem, encaixotam, arquivam, etc. Só assim algo fica sob seu controle.

Ao buscarem as verdades, negam as forças da vida. Seus fluxos e transformações. Carecem de tudo que fique parado. Que não se mova. Que nunca mude. Só assim a verdade pode ser repetida mais de uma vez. Para tudo que é vida, o dito ao final da frase já não corresponde a nada. A verdade torna-se caduca no instante mesmo em que é enunciada. Pobres palavras! Nunca dão conta de corresponder a um real que nunca para quieto.

O sentimento campeão desse movimento é o que Nietzsche chama de ressentimento. O ressentido tenta manter o freio de mão puxado. Luta para conservar. Reage contra mudanças. Só assim suas verdades conservam validade. E suas crenças logram dar algum sentido ao existir.

O ressentido se entristece com algo, inventa uma regra para eliminá-lo, organiza um sistema de negação do mundo como ele é, toma por óbvio o livre-arbítrio, a autonomia para seguir a regra, a responsabilidade que dela resulta e te joga a culpa em cima, caso você não consiga.

* * *

Amigos e amigas, é de Nietzsche que precisamos hoje. Algum ressentido inventou que esta palestra é coisa séria. Definidora do certo e do errado. Que, se não andarem na linha, pagarão com o emprego. Que o *stand-up* foi para amaciar o seu lombo. Que suas forças vitais devem ser adestradas.

Querem nos escravizar. Amordaçar os potentes. Padronizar a brochice. Distribuir vida morna e modorrenta para todos. Por isso jogam a felicidade para um futuro que nunca chega. Organizando a vida em degraus de uma escada sem destino. Tentam convencer-nos de que não é possível amar o mundo como ele é. De que *happy hour* será sempre daqui a pouco, amanhã, e bem longe dali.

Mas nós não permitiremos que triunfem. Nós, os amantes da vida de carne e osso. Nós, os adoradores do mundo da terra. Nós, os que já abrimos as mãos das muletas da eternidade, nós resistiremos. Que consigamos proteger os fortes do exército de fracos que os ameaçam.

Não nos entregaremos! Nada nos apequenará. Não aceitaremos a redução de nossa potência. Não odiaremos a vida. Não blasfemaremos contra o instante. Não aviltaremos a terra em que pisamos. De que somos feitos.

A gente tem que se perguntar: "Essas regras levam à exuberância da vida ou ao seu arrefecimento?!". Você é pujante e intenso ou é bunda-mole!? O ressentimento não quer que você ria! Nega a alegria. Rejeita o tesão de viver. Para o inferno com o ressentimento.

Nietzsche te liberta agora da culpa de rir! Ria! Ria da placa no aeroporto. Da pamonha e do curau. Da sunga com o coqueiro! Velho, era um coqueiro na frente da sunga! Com dois cocos no coqueiro! E aquele monte de folha cobrindo tudo! Ria! A função da sunga no fluxo do universo é fazer rir!

* * *

Palestra salva. Trocentas vidas salvas. Risadas vinham em profusão. Epifania. Apoteose. Abaixo os tiranos ressentidos. Sensação libertadora. Emancipados, enfim, das culpas impostas pelo ressentimento.

Tripudiei sobre os obstáculos, tal um toureiro que desdenha seu oponente taurino. Arrisquei em confiança uma pausa dramática. Silêncio demorado. Profundo.

Só o martelo ainda ousava.

Liberdade: fato ou ilusão?

O clube foi tomado de uma energia cômica que poucas vezes vi. Eu limpava a testa e caíam na gargalhada. Rindo do calor que me agredia. Uma simpática moça sobe ao palco para me entregar uma Coca Zero e todos racham o bico, até ela. Quase derrubou a Coca, coitada. Três vezes mais vermelhas suas bochechas que a lata.

Percebendo o nervosismo, levantei o seu braço, como uma vencedora de MMA. Aplausos incontidos de todo o auditório aberto de Alfenas. O mundo amava o mundo. Amor fati. Pelo que é. Tal como é. E que, se Nietzsche estiver certo, vai se repetir infinitas vezes.

O corpo exausto. A roupa ensopada. A agenda implacável anunciando a próxima etapa.

Agora, só mesmo São José.

Capítulo 19

Feios, sujos e desapegados

— Clovão, mandou muito bem! Nessa você se superou. Por um momento achei que tinha dado ruim. Tipo sem volta.

— Meu pai dizia que é preciso matar um leão por dia. Dar nó em pingo d'água. E que o óbvio todo mundo faz. Outra boa que ele dizia era esta: é quando a vaca parece ter ido para o brejo que se conhece o vaqueiro. Talvez, por isso mesmo, eu me lembre dele todos os dias. E olha que são mais de vinte anos...

— Mas aquele mestre de cerimônias aloprou pesado. Que mala, velho! Um sem noção de carteirinha! Conseguiu ser deselegante com todos. Como se não bastasse, desandou a falar uma parada sem nenhum sentido e adormeceu a galera. A famosa bola quadrada. Quando você entrou em campo, já tava 6 × 0.

— Acontece com frequência. Bem mais do que você pensa. Nem tanto com mestres de cerimônia. Costumam ser profissionais preparados. Mas, nos eventos mais econômicos, é o próprio cliente contratante que faz as honras da casa. Aí, sim, pode vir de tudo. Tentam quebrar o gelo com alguma piadinha e metem os pés pelas mãos. É constrangedor. Na palestra

Liberdade: fato ou ilusão?

de hoje, além da apresentação devastadora, aquele ruído ininterrupto de reforma, com marteladas do começo ao fim, bem que podia ter sido evitado. De fato, um evento desastroso. Nada nem ninguém colaborou. Fiz o que pude. Acho que deu para salvar as aparências.

– Bem mais do que isso. A mesma galera que você herdou em coma profundo terminou de pé. Você reparou que na saída eles puseram o carinha na geladeira e deixaram aquela mina no lugar? Na dela, mas bem melhor. Devem ter sacado que você também não curtiu a peça. Enquanto você falava, eu fui pedir para pararem com aquela bateção. Estavam instalando um palquinho para uma parada infantil, apresentação que vai rolar hoje à noite ali na frente da piscina. Encontrei uma criança com cara de perdida e o martelador. Tinha jeito de funcionário do clube. Ele disse que, para interromper o serviço, eu teria que falar com o presidente do clube. E que o figura só aparecia nos fins de semana. Estranho. Pelo que eu entendi, ele mora em Montes Claros, que é longe pra dedéu. No final, o cara do martelo era bem gente fina. Pediu desculpas. Disse que era muito seu fã, mas que aquela boquinha era tudo que ele tinha no momento.

– Fez muito bem. Não tinha que parar mesmo. Mas e a criança? Você disse que ela estava perdida?

* * *

– Não. Não era tão criança assim. Tava só de bode. Tinha perdido no Beyblade.

– Baby o quê?

– Beyblade. Ou, em japonês, Bakuten Shoot Beyblade. É como se fosse um sumô com peões daqueles de girar. Tem uma arena e eles ficam se batendo até um peão sair ou parar de girar. Quem perde geralmente dá o seu beyblade ao vencedor.

"O menino não se conformava porque tinha um outro entre eles que era muito rico e tinha um beyblade muito melhor que os outros, importado. Ele manipulava o jogo emprestando o seu pros amigos. Quem jogava com aquele não perdia nunca. E acabava faturando o dos outros. O nosso amigo estava triste porque tinha perdido um beyblade raro. Agora ele tinha que dar 50 reais ao riquinho para recuperá-lo. Agradeceu por eu ter ouvido a sua história. Disse não ter com quem reclamar. E que só queria ter um pouco de paz."

— Essa história me fez pensar em Maquiavel.

— Os fins justificam os meios?

— Rapaz. Tenho minhas dúvidas de que ele tenha dito isso algum dia. De qualquer forma, o buraco ali é bem mais embaixo.

— Como assim? Não entendi.

* * *

Maquiavel é como um excelente escultor de cerâmica que ficou muito famoso por um trabalho de vidreiro no começo da carreira. Ficou conhecido pelo *O Príncipe*, mas produziu uma obra riquíssima para além dele.

O termo "maquiavélico" ganhou as ruas. Pouquíssimos pensadores mereceram essa deferência. No entanto, o significado a ele atribuído é empobrecedor do seu pensamento. Em certa medida, é deturpador. A fama de inventor florentino da maldade na política é injusta. Trata-se de um prolífico e fascinante pensador da república, o sistema político europeu e americano da liberdade.

* * *

— Se quiser aproveitar, o caminho de volta é longo. De Maquiavel eu sei o que todo mundo sabe. Quer dizer, pelo visto não sei nada.

— Nossa. Eu sei que temos tempo para jogar conversa fora. Mas Maquiavel, como todo grande pensador, faz pensar num castelo, com várias portas de entrada. Podemos escolher uma. O percurso pelos cômodos do castelo vai depender dessa escolha. Mas o castelo é muito grande. Não dá para visitá-lo todo num dia só. Vamos ter que voltar.

Liberdade: fato ou ilusão?

– Não faltarão palestras bem longe de casa.
– Vamos entrar por aqui. A porta já está entreaberta. Acho que outros visitantes tiveram a mesma ideia.

* * *

Preste bem atenção. Veja, logo no *hall* de entrada, a nuance que desmente o senso comum.

Para o ilustre florentino, o ideal seria que todos os cidadãos fossem virtuosos e agissem sempre em nome do bem comum. Ficou claro? Estamos aqui, bem longe do rei da sacanagem.

– Nossa. Nada a ver com o que todo mundo pensa de um maquiavélico!

* * *

– Que lugar mais sinistro!
– É o cubículo da natureza humana.
– Cubículo da natureza humana!!!
– Pois é. Apesar de ter dito que o ideal seria o comportamento virtuoso de todos, Maquiavel também tem certeza de que o ser humano sempre tende à corrupção.
– Tipo um traço da sua essência ou da sua natureza?
– Exatamente.
– Deixa eu ver se entendi. Se para Aristóteles o homem é, por natureza, um ser político, dotado de razão, para Maquiavel o homem é, entre outras coisas, um ser que tende à corrupção. É mais ou menos isso?
– É bem por aí.
– Então, não escapa ninguém?
– Isso. Por isso é da natureza humana. De toda a humanidade.
– Não acha um pouco forte? Isso inclui Madre Teresa, o abade Pierre, Sócrates, Buda, o profeta Maomé e o próprio Jesus Cristo? E a minha mãe...
– Para Maquiavel, sim.

– Mas e agora? Como viver em sociedade sendo todo mundo desse jeito?

– Aí é que está. Na vida em sociedade não se pode contar com a consciência moral de ninguém. Não dá para esperar que uns e outros segurem sua onda, moderem por conta própria seus apetites e se impeçam de satisfazer seus desejos em nome de princípios de conduta válidos para todos.

– Tipo como?

– Exemplos não faltam. Todo dia. A atualidade é sempre rica. Época de pandemia. Vacina que imuniza em duas doses. Não dá para vacinar todo mundo ao mesmo tempo. A prioridade é o grupo de risco. Idosos e profissionais de saúde.

Tendo homens e mulheres a natureza que têm, fura-se a fila sem pudor. Sem falar nos que só simulam injetar. Fazem acreditar na imunidade que não existe. E disponibilizam a vacina para outros, que não se submeteram aos protocolos de prioridades, mediante alguma contraprestação, suponho. Por fim, há os que vendem vacinas falsas. E os que as compram.

– Então, para Maquiavel, todo mundo é canalha?

– Não exatamente. Tende a agir, havendo condições, em função de seus próprios interesses.

* * *

– Venha por aqui. Naquele quarto do Príncipe tem sempre muita gente. Podemos visitá-lo mais tarde. É como o salão do Louvre onde está a Monalisa. Todo mundo quer passar por ali.

– Tem razão. Ainda mais em tempos de aglomeração fatal.

* * *

Para Maquiavel, são dois os humores da sociedade: o do povo e o dos grandes. Todas as sociedades têm que gerenciar o conflito inevitável de seus desejos. Cada um dos dois grupos fará tudo que puder para satisfazê-los. Por onde houver vida social, encontraremos um balanço dessas duas forças.

Liberdade: fato ou ilusão?

– Mas esses dois grupos são o quê, afinal?

Os grandes não são os fisicamente grandes. Cada sociedade terá seus grandes específicos. Pode ser o fisicamente maior, sim. Mas geralmente é aquele tipo de pessoa que amealha uma quantidade significativa de um ou mais dos capitais que circulam e que importam naquela cultura. Na nossa república capitalista, muito frequentemente os grandes começam pela acumulação econômica.

Se pensarmos na era medieval, esse grupo será composto pela nobreza, pela Igreja e, mais para o final da modernidade, pela burguesia em ascensão.

Pois bem. O povo é o que sobra disso aí. Pode parecer ruim, mas você verá que não.

O humor dos grandes é o de amealhar mais poder. Se você quiser usar o senso comum, sua grande motivação coincide exatamente com a que todos acreditam ser a de um maquiavélico. Desejam sempre mais. Não importa o que tenham de fazer para conseguir. O grande nunca está satisfeito com sua grandeza.

* * *

– Sempre desconfiei do argumento de candidatos ricos que, por já serem ricos, estariam imunes à tentação de lançar mão para si do patrimônio público.

– Pois é. Segundo Maquiavel, o que acaba acontecendo é exatamente o contrário. A partir daqui nós deduzimos: os que já são ricos sempre querem mais. E ocupam os postos de comando para buscar uma saciedade impossível. Nada impede que no meio do caminho tomem alguma medida que beneficie seus representados. Mas isso será sempre para renovar – nos processos eleitorais – o direito de permanecer onde estão.

Não há nisso tudo uma novidade absoluta. Já na Antiguidade, Aristóteles alertava para o maior fator de perturbação de um regime político: a influência desmedida por parte dos ricos, a sua forma de enxergar a grandeza.

E preste atenção no que vou dizer. Esses grandes não se contentam em simplesmente aumentar seus próprios podres poderes. A coisa não termina no crescimento dos próprios recursos. Para saciar-se, o grande – de acordo com Maquiavel – precisa que o pequeno seja afetado.

* * *

O povo, por sua vez, tem um desejo bem mais simples. Desejo de liberdade. De não ser incomodado. De ser deixado em paz. Em relação à pretensão dos grandes, de uma liberdade dita positiva, de ganho de potência e aumento de capacidades, o povo almeja alcançar uma liberdade negativa, de não ser molestado, não ser perturbado, não ser constrangido.

Toda sociedade terá esse conflito. Maquiavel associa, então, a liberdade à capacidade de uma república mediar essa luta. Ela o fará por intermédio das instituições. Se estas não se mostrarem em condições de absorver e responder à incessante disputa, os grandes inevitavelmente vencerão, e ninguém mais terá paz. Seja no Capitólio, seja na Avenida Paulista ou no jogo de Beyblade.

Por esse motivo, sempre de acordo com Maquiavel, jamais, ouça-me bem, jamais os grandes podem ser os guardiões da liberdade. Seria o aniquilamento dela.

– Então, as instituições, que garantem a relação entre as pretensões dos grandes e as do povo e, portanto, asseguram a liberdade possível para ambos os grupos, devem ser dirigidas pelo povo?

– Exatamente. Porque a sua grande pretensão não é dominar, mas, sim, evitar a dominação. Se o povo não participa ativamente da política e não assume o comando das instituições, o que teremos irremediavelmente é uma tirania mais ou menos disfarçada.

E a liberdade nessa sociedade será, claro, exclusividade de seus tristes tiranos.

Capítulo 20

Na Califórnia é diferente

O melhor restaurante de estrada, pode conferir, fica sempre no cruzamento da fome com o enfado.

"Em dez minutos", tranquiliza a placa publicitária.

Valor absoluto. Relativo a nada. Por isso, o sítio de pasto se converte em realidade, seja qual for a velocidade do veículo ou do pedestre. Mesmo em pleno repouso. Dez minutos e... ops, ele se materializa. Ou simplesmente torna-se percebido. Como a miragem de um oásis.

Milagres da sociedade de consumo.

O imenso restaurante se estende por mais de 200 metros na beira da estrada. Uma ode pós-moderna a todo tipo de desejo. Recebe gente de A a Z. Clientes que entram e saem da loja aos pingos, jorros e ondas.

Oferece junto e misturado, no mesmo ambiente: bonequinhos lutadores, revistas de sudoku, de fofoca, de automobilismo, jornais, CDs que vão da autoajuda até coletâneas de *rock*, balas, biscoito de polvilho, pão de semolina, bolo seco, bolo molhado, salame, salsicha enrolada, brigadeiro, vinhos, refrigerante, chinelos, guarda-sóis, esteiras de ioga, relógios de parede, tapetes capacho, roupas de banho, roupas de cama, sorvetes e o que mais as pesquisas de mercado possam dizer que ocupa a mente de quem está há muito tempo no carro.

Ah! Até *Sócrates: Inspirações para a vida* e *Vida que vale a pena* eu já encontrei. Junto de mapas de viagem, livros infantis para colorir, receitas de bolo caseiro e técnicas de hipnose.

Um paraíso para quem explora as carências alheias. Uma armadilha para quem não domina as suas.

Analisar um espaço como esse é fácil. Sobretudo para quem pesquisa as relações entre comunicação e consumo. Mas não basta para se proteger dele. Não por completo.

Se assim fosse, bastariam duas ou três dicas sobre nutrição e eliminaríamos a obesidade do mundo. As sofisticadas explicações a respeito do homem e suas paixões nunca asseguraram o seu adestramento.

Sei que a discussão é feroz entre os grandes pensadores.

Há quem ponha razão e emoção em lados opostos de um ringue, há quem vincule vida boa ao controle da segunda pela primeira, há quem veja nisso uma possibilidade remotíssima e quem o tome por uma ilusão, um erro ou uma simples aspiração inalcançável por princípio.

Gosto da alegoria que apresenta as emoções como o combustível que alimenta todo o motor do carro. A razão seria uma das funções desse motor, que sem o combustível pararia de funcionar. Não seria plausível imaginar um motor que se recuse a entrar em algum tipo de acordo com aquilo que lhe põe em marcha.

Repito. A lucidez sobre as astúcias do marketing nunca me impediu de cair em suas armadilhas. Incluindo as mais simplórias.

O impulso de abrir uma latinha de Coca-Cola Zero e, sem parar para respirar, sorver seu conteúdo goela abaixo domina-me sempre que entro num lugar como esse. Vai lá saber até onde é sede, hábito, vício ou uma síntese de *slogans* que, num único instante, comandam, como um maestro, minhas células dos pés à cabeça, do corpo e da alma.

* * *

Liberdade: fato ou ilusão?

Segundo os pensadores ditos materialistas, trata-se apenas de mais um fenômeno na cadeia inexorável de ocorrências, determinado por encontros entre unidades indivisíveis de matéria e seus aglomerados, num universo infinito, do qual nada sai e nada entra, por toda a eternidade.

Indo por aí, o nosso próprio nascimento se inscreveria num turbilhão de relações que remonta indefinidamente a tudo que veio antes de nós. Dessas relações, o que resultou e resultará é sempre absolutamente necessário. Já estávamos sendo gestados desde os primórdios da matéria. Se houve algum *big bang*, é nosso antepassado. Tem a nossa cara, inclusive.

O rolo compressor da matéria em trânsito está vivo naquilo que chamamos de "eu" ou de "nós".

Pensando assim, seria impossível que outro desejo brotasse em mim. Materialismo puro e simples.

Coca-Cola é isso aí.

* * *

Haverá quem se sinta confortável com essa explicação das coisas. Que se veja, sem muita tristeza, como um simples elo inescapável entre uma realidade que foi e outra que será.

Mas, convenhamos: temos, muitos de nós, a íntima convicção, embora não consigamos demonstrá-la, de que muito da nossa vida só acontece porque decidimos assim. De que não somos, portanto, um mero resultado de as coisas serem como são.

* * *

A infância difícil nunca impedira Zaqueu de sonhar grande. Na chamada da escola, era sempre o último. Mas isso não o abalava.

– Os últimos serão os primeiros – repetia como um mantra. Ou então:

– O universo reservou um futuro brilhante para mim. Nada poderá me deter.

Crenças arraigadas que lhe empurravam a sempre executar o primeiro jato do pensamento. Um eventual reexame seria blasfemar contra a própria natureza. Para Zaqueu, o germinar espontâneo das suas ideias corresponde ao fluxo imperativo do real. O seu "eu" mais genuíno e inelutável.

Obcecado em encontrar, em cada detalhe, as pistas da sua profecia, não deixava passar uma oportunidade. Eram as provas mais irrefutáveis de seus acertos. As portas se abrindo. Ele só tinha que avançar, agarrar, aproveitar, fazer valer a predestinação. Assim foi desde criança.

* * *

Observador agudo e implacável de tudo a sua volta, identificou nos parentes, desde cedo, oportunidades a explorar. A tia, glicose-dependente, que lutava contra o vício do açúcar, não resistia à fofura do sobrinho, que a cada visita demandava um bolo mais doce e elaborado. Ocasião para comer sempre os melhores. O destino lhe oferecia assim, de bandeja e mão beijada.

Pai e mãe sempre na "pindura". Presos em um pêndulo entre a agonia de quem não sabe mais de onde tirar dinheiro e a culpa de ver que não era possível dar ao filho tudo do bom e do melhor.

À noite, com frequência, Zaqueu ouvia seus prantos e lamentos, a cada humilhação no trabalho, hora extra não paga, promoção recusada. Como queriam encher o filho amado de presentes! Ele os entendia como fragilidades psicológicas a explorar. Pistas indiscutíveis do seu destino.

Assim, nunca os poupou. Escancarava seus desejos de guloseimas, brinquedos e *video games*. Nos *shoppings*, usava o que tinha na mão para constranger: barganhas, choros, berros e estrebuchamentos que dariam inveja à mais mimada das crianças ricas.

O crediário era seu aliado. Suaves parcelas, um cafezinho por dia e seus desejos eram todos atendidos. Comprava-se primeiro, pensava-se depois. E ele, mais uma vez, certo de que o destino premiava sua determinação. Que na realidade era a única coisa que podia fazer, dada a sua missão na terra. A de ser o maior. Quanto ao quê, ainda não tinha claro.

Liberdade: fato ou ilusão?

* * *

Na escola, a mais bonita e inteligente das colegas era o troféu a arrebatar. Salete era o seu nome. De leveza, frescor e arrebatamento. Descobriu bem cedo a queda da moça por ele, graças a mais uma mãozinha da tal realidade nua e crua, esculpida no oitavo ano do tempo escolar.

Ela carregava sempre em sua mochila um diário. Como o destino lhe concedeu um instante de solidão na sala de aula, Zaqueu viu-se compelido, sem escolha, a violá-la e folhear sua privacidade. Novo indício do mundo ululando em neon. Nas páginas com corações, seu nome constava como em curso de caligrafia.

Sem gratidão alguma, afinal, tudo só é o que é, tratou de agarrar mais essa. Jamais poderia virar as costas ao poderoso inexorável. As coisas não acontecem por acaso. Nem querem dizer muita coisa. Elas apenas são. E seu poder é incontido.

Deixar passar seria uma derrota, um desperdício de vida. Negar toda a razão de existir.

E assim se fez.

Dia após dia alimentava essa paixonite.

Salete lhe fazia a corte sem se dar conta. Do olhar escancarado num relance ao cortejo mais tímido das longas conversas.

Zaqueu, em seu imaginário, ora recorria ao jargão corporativo do pai, ora ao esportivo da televisão, ou, ainda, ao militar dos livros de guerra que adorava. Estratégia, avançar, recuar, retiradas, metas, *targets*, *goals*, colunas, linhas, quadrados, etc.

O mais eficiente comportamento era mesmo o desligado. Errático. Misterioso, até, por que não?

Era preciso atiçar o desejo. O tempo todo. Sem trégua. Com método e maestria. Alimentando a falta. Promessas que não se cumpriam, ausências repentinas, friezas calculadas.

Só afrouxava o torniquete quando a moça embevecida fazia, por ele, a lição, passava-lhe cola ou concedia-lhe uma carícia transgressora. Denominava sua estratégia pisca-pisca. Alusão ao acender e apagar da lanterna do veículo em curva.

Ria-se do devastador efeito.

O destino lhe tinha, de fato, facilitado a vida! A escola convertera-se num autêntico parque de diversões.

* * *

Já para Salete, nem tanto.

Seus afetos oscilavam ao sabor da tirania caprichosa de seu amado. Alegrava-se com um beicinho e a mão estendida, esperançava ante os raros indícios de posteridade e temia, sobretudo temia, perder seu amor para sempre.

Moça de um outrora alegre, tornou-se angustiada e preocupada. Afetada pelo desejo e pelas inúmeras incompreensões que esse relacionamento estranho lhe trazia. Mas repetia às amigas, quando estas intervinham inconformadas:

– O destino reserva a Zaqueu um futuro radioso. E ele sabe: sem mim, nada acontecerá. Precisa muito da minha presença. Prova disso é a paixão que o destino nos impôs.

E assim foi. Até o final do ensino médio.

Pressionada e entristecida, viu seu rendimento escolar despencar, a alegria rarear e o medo invadir sua alma. Quando não rastejava humilhada, esvaziava-se em lágrimas de princesa ferida.

* * *

Sagaz e astuto, sempre confiante em suas intuições, Zaqueu sacou rapidamente mais esta dica da Fortuna: Salete já não lhe era útil no cumprimento da profecia. Esgotou-se a fonte. Aproveitou a oportuna depressão da agora ex-namorada para buscar novos preságios. Mas não sem antes fazer com que ela lhe financiasse a nova empreitada.

Liberdade: fato ou ilusão?

Pegou o dinheiro e partiu.

As amigas alertaram à exaustão. Incansáveis. Haviam farejado de há muito o flibusteiro. Não requeria, aquele caso, qualquer argúcia incomum. Salete já vira no empréstimo a chave da porta dos fundos. Supunha que, com aquele último golpe, Zaqueu evadiria-se em definitivo. E tinha razão.

– Se com o dinheiro ele for junto, eu aceito esse preço.

* * *

Assim se fez. O necessário efeito resultando da suficiente causa. E a vida de Zaqueu seguiu com o resto do universo. Vira e mexe reaparecia, sempre cercado de gente, e todos a ajudá-lo. Muitos a acreditar na inexorabilidade do seu êxito.

Não deixava passar uma oportunidade. Nem tinha como. Era escravo de seu destino, como ele mesmo dizia:

– Ordens superiores. Lema existencial. *Slogan* da sua vida-empreendimento.

Pensava em voos mais altos. O mundo doméstico o asfixiava. Queria mais reconhecimento. Em outros aromas e idiomas. Na Califórnia seria diferente. Glamour com jeito de Hollywood. Imaginário com pé-direito triplo, ambição de Urano ao Tártaro.

É muito mais do que um sonho. De repente, Califórnia.

* * *

Enquanto isso, ainda por paradas subequatoriais, numa tarde de sol confortável do verão de Angra, aproveitando o conforto da casa à beira-mar do primo e avaliando as novas portas que o destino lhe abriria, vê-se abordado em seu barco por uma lancha. Dessas pretas de reportagem, com cabine fechada e pontiaguda.

Estranhou. Seria BBB??? Divisava, de onde estava escrito na lateral, "Interceptor". Seria mesmo BBB??? Era a prova final. A GRANDE CHANCE!?

Mas a lancha deu a volta. Desvelando a outra lateral. POLÍCIA FEDERAL. Com brasão da República e tudo.

Suas mil e uma oportunidades tinham chamado a atenção das autoridades. Prepararam sobre ele um extenso e pesado dossiê. Foram recolhendo as provas com paciência e método. Tal como ele também o fazia com suas vítimas. Configuraram um inquebrantável caso de estelionato. A quantidade de vítimas espantou até o mais experiente dos investigadores.

Preso na operação "Destinatário", o "maníaco do destino" – seu codinome no mundo policial – recebia incessantes pedidos de entrevistas. Suas aventuras viraram cinema, literatura, minissérie e até gibi.

* * *

Muito tempo depois da sua prisão, concedeu finalmente uma entrevista.

– Você sente falta da liberdade?

– Não tenho do que sentir falta. Eu nunca fui livre.

– Você se arrepende do mal que causou?

– Não tenho do que me arrepender. Não fui responsável por nada do que fiz. Sempre obedeci a ordens superiores. Ordens do meu destino. Impossível não ser assim. Nunca tive escolha. Fiz o que só poderia ter feito. Meu destino sempre esteve escrito. Tanto nas estrelas quanto nas profundezas do inferno.

"Tudo no universo é o que é. O que só pode ser. Segue uma cadeia inevitável de causas e consequências. Tudo o que sempre fiz foi identificar essa cadeia e deixar-me levar. Sempre acatei a natureza que vivia em mim. Sou parte de um todo maior. Repito para que me ouçam bem: nunca fui e nunca serei livre."

– Você está preso agora. Acha que seu destino falhou?

– Colocar-me atrás das grades é condenar e punir a realidade mais autêntica da natureza que sempre se manifestou em mim. Você não faz ideia do tanto de oportunidades que ele está me abrindo. Tudo continua seguindo seu caminho. Tudo como só poderia ser.

Liberdade: fato ou ilusão?

"Resta-me aceitar o mundo. Queixa-se o ignorante. Que só vê um fragmento e não entende. Acha tudo injusto. Não se conforma que seja como é. Que não seja como não é. Não consegue abstrair, ver o todo. Que Deus o perdoe. Não sabe mesmo nem o que diz nem o que faz."

* * *

A coisa toda virou um bafafá. No Twitter da rede de televisão, os comentários eram apaixonados:
– Onde já se viu, não se arrepender!
– Cada uma que o povo inventa para se safar da responsabilidade!
– Inventam até um negócio de causas materiais fora do nosso controle!
– Se fosse assim, todo mundo ia fazer o que quer e o mundo acabava!

* * *

Dois cientistas resolveram testar a honestidade humana. Um se chamava Voss e o outro, Schooler. Põe no Google, se quiser.

Ao cabo de extensa pesquisa, com amostra para lá de significativa, atendendo ao gosto tanto dos quantitativos quanto dos qualitativos, concluíram que as pessoas que não confiam no livre-arbítrio agem de maneira mais desonesta e vil que as pessoas que acreditam na liberdade.

O *corpus* foi dividido em três grupos de respondentes. Cada grupo foi convidado a ler um texto diferente. Num deles contemplava-se o livre-arbítrio como uma obviedade. No outro, como uma ilusão. Já no terceiro, o autor mantinha-se neutro sobre o tema.

Na sequência, os integrantes de cada grupo fizeram um teste em que bastava apertar a barra de espaço para destacar a resposta certa. Cada acerto correspondia a um ganho em dólares. O grupo que leu o texto que considerava o livre-arbítrio uma ilusão trapaceou significativamente mais vezes do que os outros dois.

O experimento corrobora a perspectiva dos críticos do determinismo: quando removemos a perspectiva de liberdade, o bem e o mal simplesmente deixam de existir, pois se tornam impossíveis de identificar. Sem liberdade não há caminhos; sem caminhos não há escolhas; sem escolhas não há critérios; sem critérios não há bondade nem maldade.

Quem não acredita em liberdade não regula os apetites, não mede as tristezas que causa, não pensa nem uma nem duas vezes para agir. Age de acordo com esse fluxo de desejos, materialidade irrestrita, insensível a qualquer destruição que possa causar. Pois irresponsável.

* * *

Roy Baumeister resolveu testar o limite da maldade com um experimento ainda mais incisivo. Eram dois grupos pesquisados. O primeiro leu um texto que refuta a ideia de liberdade. O segundo, um texto neutro. Que passa por cima sem se posicionar.

Na sequência, os integrantes dos dois grupos foram colocados em salas com "clientes". A tarefa era servir-lhes uma refeição. Foram informados de que aquelas pessoas teriam de comer tudo que lhes fosse servido e que detestavam comida apimentada.

Pois bem. Os integrantes do primeiro grupo, isto é, os que leram o texto com a refutação da ideia de liberdade ou de livre-arbítrio, mostraram-se muito mais cruéis com os degustadores, impondo-lhes, em alguns casos, autêntica tortura.

Para o pesquisador, a aceitação da ideia de liberdade está vinculada a uma conduta mais magnânima, benevolente e piedosa.

Seria esse o poder da fé?

* * *

Seguindo as conclusões dos pesquisadores anteriormente citados, a consciência da própria liberdade ajudaria a segurar a nossa onda. Essa

Liberdade: fato ou ilusão?

de produzir dano, entristecer, fazer mal aos outros. Será apenas porque a liberdade nos esfrega na cara a nossa responsabilidade? E nos enche de medo pelas suas consequências? Nesse caso, o bem entraria pela porta dos fundos. Pela via menos nobre.

Seria ter, de homens e mulheres, um entendimento bastante negativo de sua moralidade. Bem ao gosto de muitos pensadores importantes.

Mas tentemos pensar diferente. A consciência da liberdade poderia nos abrir a porta do bem, como resultado da própria vontade. Essa mesma, soberana e autônoma. Aqui, não há bem por receio. Há por ele mesmo. Numa espécie de ingenuidade existencial, livre e libertadora.

* * *

Pergunto então: o que seria um ingênuo? Interessante palavra. Seu significado vai do angelical, quase divino – lembro-me de Marcelino, pão e vinho –, ao ofensivo e injurioso, todos os otários e tontos que já cruzaram o nosso caminho. Cada um entende à sua maneira.

Segundo o dicionário acadêmico, "um ingênuo é um fraco de espírito, um homem estúpido, desprovido de astúcia e inteligência"; diz-se "tolo" ou "bobinho" quando se quer abrandar de alguma forma o alcance da palavra "ingênuo".

As explicações do dicionário param por aí; inútil pesquisar mais.

Ora, acontece-nos às vezes encontrar sujeitos que tratamos correntemente como tolos e que não são, no entanto, nem estúpidos, nem fracos de espírito, nem loucos, e cujos gestos e palavras nada têm de bufões.

Capítulo 21

O ringue da humilhação

Via Dutra. São José no horizonte. Cidade pujante. Orgulho do interior paulista.

— Professor Clóvis. Nossa, que alegria! Não é a primeira vez que tentamos trazê-lo. Mas as agendas não se entenderam. Felizmente, desta vez deu certo. Acompanho suas aulas e entrevistas na internet. Sou muito seu fã. Tê-lo aqui, na nossa empresa, é uma honra para nós.

— Sou eu que agradeço o convite e a oportunidade de conhecê-los.

— O pessoal já está quase todo no auditório. O público é, no geral, bem jovem. E sempre muito animado. Mas hoje, com a entrega dos prêmios, estão eufóricos. O primeiro é uma viagem a Cancún com acompanhante. Todos estão sonhando com isso.

— Apresento meu colega Gustavo, que me acompanha neste trabalho.

— Muito prazer. O senhor pode me informar onde fica a mesa de som? Preciso instalar o retorno do professor.

— Ah. Isso é com o Ciniro. Onde terá se metido? Alguém pode trazer o Ciniro aqui agora mesmo, que não temos muito tempo. Não me ouviram? Mexam-se!!!

Liberdade: fato ou ilusão?

O tom de voz do executivo mudara bastante. Difícil acreditar que aquele senhor educado e cordial do começo da conversa pudesse adotar uma postura tão rude e autoritária em questão de segundos.

* * *

– Pronto. Tudo impecável! – anuncia Gustavo, com ar debochado de funcionário eficiente.

O retorno instalado devolve minha fala a um discreto fone de ouvido que me acompanha em cena. Com ele, ouço-me muito melhor.

Nesses auditórios com pé-direito no quinto andar, que também fazem as vezes de salão de festas, *buffet*, noites de gala, jantares dançantes, bingos, quermesses, o "boa-tarde" inicial só volta aos ouvidos do palestrante em tempos de conclusão.

* * *

O evento já havia começado. Eu entraria logo na sequência. Sentei-me na primeira fila e simulei alguma atenção ao que se passava no palco.

A primeira frase a que atinei conquistou o resto da minha atenção. Um autoelogio que faria Narciso ruborescer.

– Se hoje me visto bem, se sou eu a ocupar o palco, se é a mim que todos escutam, é por puro mérito. Ontem, eu estava aí, entre vocês. Mas sabia que não seria por muito tempo. Que rapidamente seria reconhecido. E é esse espírito que a empresa espera de vocês. Ambição, coragem, competência e disposição para trabalhar 24 horas por dia, sete dias por semana, se for necessário. Que tenham espírito de dono. Astúcia de líder. E calos de obreiros. Que nunca questionem o que devem receber. E sim o que podem entregar a mais. No mundo de hoje, já não há lugar para acomodados.

Em tom de chacota, passou a destacar alguns entre os colaboradores. A estratégia do bode expiatório sempre traz alívio para a maioria. Limpa a barra de quase todo mundo. E o próprio, tão diminuído, nunca tem forças para reagir.

De fato. Sempre escudado no deboche, dedicou-se a humilhá-los perante todos. A cada investida, uma gargalhada e um aplauso. Com o pretexto da informalidade camarada, foram tratados de incompetentes, burros, fracassados, covardes e bem mais. Os demais riam e aplaudiam como se estivessem assistindo a um circo dançante.

Eis que a cortina que lhe servia de fundo se abre e surge um ringue de boxe. Os citados previamente foram convidados – sempre sob o manto protetor da pilhéria – a calçar luvas enormes e se enfrentar.

* * *

À minha esquerda, uma moça parecia muito incomodada:
– Professor, desculpa, é uma vergonha isso.
– Não é normal que seja assim?
– De maneira geral, é o normal aqui, sim. Mas não tão radical.
– E esse cara aí que está falando, quem é?
– Ah, ele foi vendedor do ano na América Latina cinco vezes seguidas.
– É mesmo? E isso é bom?
– Ah, professor, é bom, sim, ele ganhou cinco viagens!
– Nossa. Todas para Cancún???
– Não. A viagem para Cancún ninguém ganha. Os resultados são impossíveis de alcançar.
– E para onde vão?
– Passam dois dias em Ilhabela.
– Sempre?
– Sim. Sempre. O grupo é dono do hotel lá.
– Entendi.
– Agora ele é o nosso grande líder.
– Ele faz muito por vocês?
– O estilo dele é diferente, mas dá resultado para os donos.

Liberdade: fato ou ilusão?

– É mesmo?

– Sim, ele tem um olhar muito próximo de todos. Todos temos o dever de avisá-lo toda vez que alguém perde desempenho. Desse modo, todos vigiam todos. E as denúncias consideradas pertinentes são premiadas.

– E você, já foi denunciada por alguém?

– Ainda não, professor. Mas sou novata. Este é o meu primeiro ano. Procuro ficar na minha. E ser simpática aos queridinhos dele. Fingem ser agregadores, passeiam por toda parte, desse mesmo jeito dele, brincalhão, mas, na verdade, estão fiscalizando todo mundo.

– E o que você acha disso?

– Acho que para funcionar precisa mesmo um pouco de chicote. Porque senão o pessoal abusa.

Voltei os olhos ao ringue. Coloquei-me imediatamente no lugar de uma daquelas vítimas. O que mais se aproximava em idade e calvície. E me vi chegando em casa e relatando para a família como tinham sido aqueles dias de trabalho com os colegas naquele hotel-fazenda. Os olhos marejaram.

Sorte ou azar, fui chamado em seguida. Foi aquele mesmo janota, crápula, capataz dos *playboys*, meros herdeiros do trabalho de seus pais, que me chamou ao palco.

* * *

Um moleque de 18 anos escreveu uma grande obra e mudou para sempre a reflexão sobre o poder. Em vez de pensar no poderoso, no tirano, pensou no povo, no dominado, no tutelado, no plebeu, no sofredor, no pagador de tributos.

Seu nome era Laboeci. Escreve-se La Boétie, mas fala-se Leboeci. Ganho inesperado para o leitor: aprendeu que em francês a letra "T" tem som de "T", como em Tour Eiffel, e som de "c" em La Boétie. Não me pergunte.

La Boétie viveu no século XVI. E isso quer dizer nos anos 1500. Contemporâneo, portanto, dos primeiros tempos da colonização do nosso país. Uma época em que a França começava a receber relatos dos "povos selvagens" (nossos ancestrais) e se dar conta da existência de muitos tipos de sociedade, ainda que da maneira colonialista.

Mas o nosso autor olhou para dentro. Para seus povos. Para a história europeia. E desse ponto de vista se perguntou: o que faz de um homem um tirano? Onde está o seu poder?

Guiando a sua inquietação, um olhar sincero para reis e rainhas. Um olhar para além de suas auras divinas e de seus poderes sobre-humanos. Perguntava-se como uma pessoa que tem apenas dois braços, duas pernas, dois olhos, uma altura mediana, por vezes em razão única e exclusivamente da idade infantil, pode dominar milhares de outras pessoas e fazer com que dele sintam um medo absoluto?

Como pode tanta gente sucumbir à tirania, aos maus-tratos, às pilhagens, à corrupção de uma só pessoa? E de uma pessoa fraca e frágil, tal qual qualquer uma delas? O que lhes confere essa posição?

La Boétie argumenta que não havia nada mesmo ali onde ele não encontrava coisa alguma. O líder é mesmo torpe, fraco, por vezes burro, malvado, cruel, frágil, incapaz de vencer a grande maioria das pessoas de seu povo no mano a mano. O que mantém o líder na posição de líder, conclui, não está na pessoa que lidera.

E, ainda assim, essa pessoa parece ter milhares de olhos, milhares de braços, milhares de ouvidos. E a força descomunal que controla populações inteiras a distância. De onde vem tudo isso? De onde o tirano tira as suas forças?

Pois das próprias pessoas que domina, dirá nosso jovem prodígio. A força do líder não é nada mais que um empréstimo que ele toma de seu povo, o mesmo que oprime. O povo dá ao líder todas as armas de que ele precisa para oprimi-lo. Com isso, La Boétie chega a uma conclusão alarmante em seu Discurso sobre a servidão voluntária. Para que o tirano perca seu poder, basta que o povo faça uma simples coisa: tire dele o seu poder com nada mais, nada menos, que a palavra "não".

É só isso. Dito o não, o tirano perde todo o seu poder: "Não é necessário tirar-lhe nada, basta não lhe dar coisa alguma", e continua: "Uma só

Liberdade: fato ou ilusão?

coisa ele tem mais do que vós e é o poder de vos destruir, poder que vós lhe concedestes".

As perguntas seguem:

- Onde iria ele buscar os olhos com que vos espia se vós não lhos désseis?
- Onde teria ele mãos para vos bater se não tivesse as vossas?
- Os pés com que ele esmaga as vossas cidades de quem são senão vossos?
- Que poder tem ele sobre vós que de vós não venha?
- Como ousaria ele perseguir-vos sem a vossa própria conivência?

Mas isso, evidentemente, não acontece. Pois essa é a segunda inquietação do nosso garoto. Como as pessoas não dizem não?

A liberdade para ele é a única coisa que dá sabor à vida. Viver em servidão expurga da existência a própria possibilidade de felicidade. A vida do servo é apática, sem cores. Uma vida cuja referência é a vontade do outro.

Entretanto, a liberdade, ele pondera, é a própria natureza do ser humano. Ela nos é tão natural que, para tê-la, basta desejá-la. E realmente é assim. Basta rejeitar a tirania. Todos nós nascemos senhores de nossa liberdade e absolutamente preparados para defendê-la.

O que faz com que não a defendamos, então?

São duas as propostas: a primeira é que a gente não lembra como é ser livre. O tirano, quando é colocado no poder pelo povo, passa, pouco a pouco, a remover desse povo quaisquer lembranças que ele poderia ter sobre a própria ideia de liberdade. Assim, o povo fica sem lutar por mera falta de saber para que lutar.

Dessa forma, as atitudes de governo que antes seriam recebidas com a mais absoluta rejeição acabam por ser toleradas, por mera falta de referência. Quem não sabe o que é ser livre, diz, não pode lutar para sê-lo: "Fazem de boa mente o que seus antepassados só teriam feito obrigados".

É a troca geracional que explica a redução das liberdades e a aceitação tácita da tirania. Quando estudantes se encontram recém-formados e já entupidos de dívidas impagáveis, eles não se rebelam simplesmente por não vislumbrar um mundo em que não seja normal e natural ter que passar o resto da vida pagando pelos estudos que os formam para poder pagar por eles e dar lucro a rostos anônimos. Aos poucos, de tanto ficar tomando o veneno da servidão, deixamos de sentir o seu amargor.

A primeira razão, então, da servidão voluntária é o hábito. Esse poderoso fenômeno que é capaz até mesmo de nos afastar da nossa própria natureza.

E a segunda proposta explica o porquê de as pessoas permanecerem na situação de servidão. Desaparece junto com a sua ideia o fogo, o furor que sentiriam se efetivamente a tivessem perdido abruptamente.

Como quando ficamos presos no elevador. Ou quando alguém nos tranca dentro ou fora de casa. Ou, ainda, quando ficamos totalmente sem internet. Esse furor, esse fogo, esse rebuliço na alma a gente não sente se não sabe qual é o gosto da liberdade que perdeu.

Por isso, La Boétie diz que os servos voluntários, quanto mais servos ficam, mais covardes se tornam. Mais se afastam da indignação para a resignação. Ou então para algo pior, o desejo interno de se tornar tirano.

E, assim, podem se produzir dois comportamentos: a resignação em uma vida sem gosto ou a inclinação tirânica de comportamento violento.

Cada um acaba reproduzindo a lógica da tirania. Na incapacidade de pensar um mundo onde as pessoas sejam livres, tenta aumentar o seu poder individual como pode, infernizando a vida de quem está por perto.

Capítulo 22

A má-fé e o seu contrário, Antônio

Na estrada. Sempre. Cenário privilegiado para devaneios. E, por eles, o vendedor *prime* convertido em executivo teimava em nos acompanhar. Presença desagradável. Que se impunha ao espírito sem resistência. Como o outro prisioneiro da mesma cela.

* * *

Seus gestos no palco eram precisos em demasia. O andar, ora para a direita, ora para a esquerda, pareciam treinados, em demasia. Os giros sobre as pontas dos pés, que carregavam o olhar da plateia para as telas das apresentações, eram ágeis em demasia. O corrigir mecânico do topete que desce ao olho os fios mais pesados era rápido em demasia.

Tudo era demasiado.

Seria aquele executivo prisioneiro de si mesmo. Do que acredita ser. Toda aquela pesada árvore de Natal, empetecada de tantos atributos, dera muito trabalho para montar. Jogar tudo fora exigiria um desprendimento incomum. Eficiência, resiliência, competência, astúcia, aguerrimento, comprometimento, vixe. Bolas e adereços não faltavam nos currículos multicoloridos desses líderes capatazes. Muita coisa para uma lixeira só.

Livre, aquele iludido vivente continuava sendo. Mandar tudo às favas sempre será uma possibilidade. Mas nada sugeria semelhante gesto de emancipação. Pelo contrário.

Ele parecia feliz na sua gaiola de ouro. Instalada no centro da sala destinada às aves raras. Sempre cercada de admiradores, celulares e *flashes*.

* * *

O professor não é muito diferente. Falo pelos que aqui se manifestam. Se para o caminhante do poeta não há caminho, para o docente, da graduação à titularidade, já está tudo predefinido. Degrau a degrau.

E, para suportar tanta mesmice na hora de viver, só mesmo acreditando muito ser.

– Sou professor universitário.

Que beleza. Vestido a caráter. Se for da pública, com um pouco mais de tecido simples. Já se o cenário forem as grandes escolas de gestão e negócios, pode se permitir alguma grife. Na hora de falar, tome jargão. Quando não, frases feitas. De cabo a rabo. E muito desdém por quem não passa a vida citando deuses autores e suas obras.

O professor universitário encontra seus pares em reuniões de pompa. O pretexto é a produção compartilhada do conhecimento mais fino. As tertúlias reforçam as convicções sobre si. Se estou no meio dessa gente, não há dúvida. São como eu. É gente nossa. É gente boa.

O professor também é livre. Mas faz questão de amputar sua liberdade, fingindo ser e acreditando piamente no seu teatro. De um milhão de dúvidas angustiantes, isso de ser professor reduz as decisões a duas ou três.

Onde vou fazer o meu próximo pós-doc? Compro livro na Amazon ou vou pessoalmente à livraria? Oriento ou não esse candidato fraco, mas

Liberdade: fato ou ilusão?

indicado por um padrinho forte? Quantos artigos em revista nacional A por ano tenho que publicar para não prejudicar a avaliação do programa em que estou?

A má-fé consiste em agir como se não fôssemos livres. Designa uma tentativa de esconder de si a própria liberdade. Com gestos automatizados, o garçom de Sartre passa a vida a teatralizar, refugiando-se em um ser que faz esquecer sua humanidade.

A má-fé não é a destruição da liberdade em si mesma. É uma estratégia de ocultar de si a condição de liberdade fundamental que nos oferece, a cada passo, 360 graus de caminhos a escolher.

Parece apaziguador da alma, esse ser que nos estreita o viver.

Não se trata de hostilizar a verdade. Mas de renunciar à autenticidade. É a atitude do canalha que mente para si, e se convence, para escapar à vertigem de sua liberdade existencial.

Fugir da própria liberdade, virar as costas para a própria soberania, abrir mão das rédeas da própria vida, e, por causa disso, amainar a angústia de ser autônomo, eis o que Sartre chama de má-fé.

Na contramão do animal que é, antes de viver, e vive como vive, porque é o que é, animal enclausurado em uma natureza, programado por um código que não se altera ao viver, e vitimado a dar respostas rígidas a estímulos que a vida do seu ser apresenta, o homem se torna sem ter sido; dotado de plasticidade, faz a sua história sem dar satisfação a nada que lhe anteceda.

* * *

Haverá quem tenha vivido assim?

Ou temos todos que recorrer à má-fé para suportar a própria existência?

A pergunta faz pensar no Antônio. Cuja história não ouvi de sua própria boca. Embora o tenha conhecido.

Antônio sempre preferiu a vida. Deu à pipa da própria toda corda que pôde. Nunca aceitou alinhar-se ao que fosse. Cada passo seu debochava do ser que nunca fora, mas que outros teimavam que fosse. Da própria natureza que nunca teve. Da essência de si que nunca encontrou.

Dizia sempre que nos últimos suspiros faria um balanço. E, quem sabe, chegasse a alguma conclusão sobre si. Mas isso, só quando não pudesse mais atrapalhar o seu viver, sem limites, sem causas, sem explicações.

Quando a vida já rareava, época em que o conheci, Antônio não teve tempo. Morreu sem saber quem era. Disse apenas, baixinho, que "tanta vida como aquela não havia de caber num diacho de um ser só".

Capítulo 23

Saltitar esperançoso do rebanho

A jornada chegou ao fim. Era mesmo a Rua Piauí. O retorno foi entrecortado. Entre o sono e a vigília, a imaginação se esgueirava, às turras, entre sonhos e pesadelos.

O sonho se impõe. Nunca os vivi a gosto. Nunca.

Já a imaginação, essa abre fresta para alguma escolha. Se não por completo, ao menos em seus primeiros passos. Não poderia passar batida, nessas nossas histórias da liberdade. Imaginação livre. Liberdade para imaginar.

– Mas imaginar o quê?

– Ora. Pois é aí mesmo que reside toda a sua graça. E o nosso interesse. As combinações possíveis não têm limite. Desde aquelas estritamente voltadas para as próprias emoções, até outras que envolvem outras pessoas. Ou, quem sabe ainda, muito mais gente.

– Quem sabe imaginar um país melhor. Com uma sociedade melhor.

– Uma utopia, como dizem. Por que não? Sei que não é muito comum nestes tempos em que vivemos. Foram 12 anos de escola sem nenhuma iniciativa pedagógica que sugerisse uma atividade como essa. Fui estudar Direito, acredite, em nome dessa possibilidade. De poder lutar por uma sociedade mais justa. Aprendi muitos instrumentos. Mas articular na imaginação uma utopia, que pudesse servir de referência para o país, nunca. Pelo contrário. Todo incentivo era para que aprendêssemos a fazer o que outros já faziam. Os ensinamentos eram, portanto, quase todos, conservadores da realidade vivida. Aliás, sobre justiça, na sua essência, muito pouco. Para ser elegante com a faculdade.

– Pensadores importantes anunciaram o fim das utopias. Mais um duro golpe no nosso tema. Quando você me deu aula, sugeriu a leitura do Morus. Eu li. E me lembro de que achei bem legal.

– Enquanto John Lennon estiver vivo, continuaremos autorizados a imaginar. E não seremos os únicos. Esperando que outros se juntem a nós.

– Hoje em dia, fala-se muito de distopias. É um termo da moda. Não sei se entendi bem a diferença.

– Uai. Saber, saber, saber, eu também não sei, não. Aliás, para salvar a tristeza que a consciência da ignorância traz, só mesmo a alegria da curiosidade de aprender que ela permite.

– Tenho certeza de que alguma coisa sobre o tema você arrisca. E muito bem.

* * *

Topos quer dizer lugar.

O que já tem dentro dele ou você ainda vai pôr fica por conta da sua imaginação. E só dela.

Eu sei o que você está pensando. A imaginação não é um assunto que interessa a muita gente. Nenhum entre os leitores terá estudado no ensino médio "Imaginação I, II, III e IV". Em quatro semestres puxadíssimos. Se não rachar, não passa.

Para nós a imaginação é muito importante. Afinal, há liberdade para fazê-lo. Somos livres para imaginar. Até no cárcere. Ou em suas memórias.

Liberdade: fato ou ilusão?

Mas seremos livres para imaginar exatamente aquilo que imaginamos? Em muitos casos, a imaginação parece resultar de uma decisão. De uma escolha. Já em outros, parece impor-se. Trazendo com ela mel ou fel.

* * *

De fato. A imaginação pode ter a ver com o que vem à mente. Conteúdos que se impõem. Dizia-se "viajar". "Devaneio" é termo mais nobre. Aplaudido pelos mais letrados.

Em sala de aula, o professor falava sobre os princípios gerais do direito tributário. Outro falava sobre a intervenção de terceiros no processo. E aqueloutro, sobre as condições da prisão em flagrante. E o espírito desgarrava. Ia passear longe. Por sua própria conta.

O conteúdo dessas viagens tem muito a ver com os humores do instante, os afetos da ocasião. Se você estiver de boa, haverá companhia para o vinho do Porto, haverá também poesia e sorrisos de pão de queijo. Agora, se estiver de ovo virado, não se surpreenda com um mundo com três cês.

– Três cês??? Não entendi.

– Ahhh. Imagine o que quiser. Cegueira, câncer e Covid, por exemplo.

* * *

Mas nem toda imaginação é assim. Tão leve e solta. Ela pode resultar da vontade de imaginar. Uma vontade que define o campo, o assunto, o método, o tempo de começo e de término. Uma imaginação programada. Toda ela circunscrita por elementos predefinidos.

Nesse tipo de viagem regrada, você pode pensar em mundos que não existem. Não precisa ser um outro planeta. Tampouco tão diferente do mundo que você conhece.

Imagine, por exemplo, uma cidade que não existe.

Nela também há pessoas. Relação entre elas. Leis. Governos. Moradias. Segurança. Hospitais, etc. Porém, na sua imaginação, todas essas coisas funcionam de maneira um pouco diferente.

É sobre isso que vamos falar. Um trabalho da mente que imagina espaços de vida em comum, de convivência, de cidadania que não existem.

As utopias e as distopias são mais ou menos isso.

* * *

George Orwell é o mais importante autor de distopias da história.

Eis o bordão que encontram com facilidade nos numerosos comentários, muitos deles maravilhosos, a respeito de suas obras.

— Mas o que significa distopia?

— Para facilitar, usarei a utopia como referência. Até porque ela me é muito mais familiar.

* * *

O termo utopia foi cunhado por Thomas Morus. Autor de uma obra com esse título. Refere-se a um não lugar. A um lugar que não existe. No caso do livro, a uma ilha que não existe.

Podemos ir um pouco além na etimologia.

Utopia pode ter duas origens na história das palavras:

- *ou + topos* – lugar que não existe, não lugar, outro lugar
- *eu + topos* – lugar bom, lugar do bem

Reunindo essas duas fontes etimológicas, podemos agora arriscar uma definição, como se fosse um dicionário filosófico:

Utopia é uma construção racional imaginada e descrita que tem por objeto um lugar de bem, de virtude, de justiça, de felicidade, que – no instante em que é concebido – não corresponde a nenhuma realidade material.

* * *

Toda utopia – e sua perspectiva inovadora, transgressora e criativa – implica a ruptura com discursos de autoridade, com a antiga cosmologia, a possibilidade de fundar uma nova ordem a partir de um sujeito que tem consciência de si, bem como de reconstruir a totalidade do edifício social sobre suas unidades constitutivas, que são os indivíduos.

Para que tudo isso fosse possível, foi preciso que o homem passasse a dar mais crédito às suas experiências, como preconizado pelos pensadores iluministas – para além das cavernas de Platão e até mesmo das meditações de Descartes.

Que as causas eficientes – unidades de matéria que determinam a ocorrência disto ou daquilo – assumissem a primazia em face das causas finais – aquilo para o que as coisas vieram a existir –, tão importantes para entender a cosmologia antiga. Como sugere Leibniz e o seu princípio da razão suficiente.

Por tudo isso, cai a ideia de um Cosmos animado, isto é, com uma alma própria e concebido como um organismo vivo, com suas forças invisíveis, poderes ocultos e ocorrências misteriosas que integram uma natureza divinizada. Com Copérnico, Galileu e Newton, tem início um desencantamento progressivo do entendimento do mundo pelo homem.

Finalmente, as utopias se inscrevem num otimismo que advém de uma firme convicção naquilo que passou a ser chamado de progresso, o qual se escora na produção da ciência – agora sem limites – e na democratização dos saberes.

Esse otimismo, que contagiou as construções filosóficas da utopia política do Renascimento, não se conservou até o século XX.

Todo o deslumbramento trazido pela emergência de uma racionalidade triunfante foi dando lugar a desconfianças cada vez mais consistentes a respeito de suas consequências.

A partir do que acabamos de contar, fica mais fácil entender o surgimento das utopias exatamente naquele momento. De renascimento.

* * *

Todos os elementos apresentados nas obras utópicas indicam o que seus autores consideram como o perfeito para a vida e a convivência humana.

Claro que essa perfeição toda é no entendimento deles, os autores.

Esses mesmos elementos podem ser avaliados distintamente por você. Poderá tomá-los como muito distantes da perfeição. Bem piores do que o mundo onde vivem. Uma verdadeira desgraça existencial e social.

Ainda assim, toda utopia resulta de uma construção racional – a partir de injustiças flagradas ao longo da história e na experiência pessoal de seu autor – indicativa do que este último considera o melhor.

* * *

Na utopia de Morus, não há propriedade privada. Assim, as roupas, por exemplo, são de uso comum. Mais do que isso. De tempos em tempos as pessoas deixam a casa onde estão residindo, levando com elas praticamente nada, e, num sistema de rodízio, vão morar em outro lugar.

Em se tratando de uma utopia, o autor, Morus, considera o uso coletivo das coisas, a posse circunstancial e episódica dos patrimônios e a simples residência como um ganho em relação ao direito real e absoluto à propriedade e ao domicílio – residência com ânimo definitivo.

Para o autor, estas últimas empobrecem a vida e arruínam a convivência. E por quê?

Do lado existencial, referente à vida boa de uns e de outros, a felicidade vinculada ao acúmulo, ao consumismo incontido e à insatisfação compulsiva de saco furado é obviamente fadada ao fracasso.

De outro lado, ético e político, desejos em profusão e mundos não tão abundantes assim levam a ambições vorazes, conflitos, guerras, tiranias e sociedades injustas, com desigualdades em progressão geométrica.

Aposto que alguém bem-nascido e instalado não estará de acordo.

– Como assim? Deixar as minhas coisas, o meu quarto, a minha piscina, a minha casa, a minha rua, a galera toda, crescemos juntos, para ir morar nos cafundós do Judas?!?

Entendo o que quer dizer. Não vem ao caso agora discutir as ideias de Morus. Afinal, estamos atrás da distopia.

Liberdade: fato ou ilusão?

Mas acho que a leitura vale a pena. Afinal, só a apreciação de ideias com as quais, num primeiro momento, não concordamos permitirá algum enriquecimento. Seja para reforçar nossas convicções, seja para relativizá-las.

O contrário disso é dogmatismo.

* * *

O grande antecessor de toda utopia é Platão. Com todas as reservas que essa afirmação exige.

O pensamento de Platão se inscreve num jeito de pensar próprio do seu tempo. A chamada cosmologia antiga ou grega. O Cosmos, todo finito e ordenado, é a referência para tudo. De tal maneira que, quando Platão escreve *A República*, também pensa no ordenamento das partes que integram uma cidade à luz do que acontece no todo, na natureza.

As utopias do Renascimento, que nos interessam aqui, não conservam essa referência. Pelo contrário, estão conscientes do seu desmoronamento. E por isso pensam suas cidades que não existem a partir de recursos da própria razão que não ficam devendo coerência em face de ordem natural alguma.

* * *

Abrimos estes parênteses para entender melhor "utopia" a partir de um exemplo concreto e magnífico. Não se trata de apresentar a obra de Platão. Que nos exigiria outro contexto.

Na sua República, o filósofo antigo imaginou uma sociedade organicista. Comparada a um organismo vivo. O Estado seria um corpo humano. No qual cada órgão deveria cumprir seu papel, para que o todo funcionasse bem. O todo seria superior às partes.

Destacaremos três aspectos dessa utopia. O primeiro diz respeito à propriedade dos governantes em geral; o segundo, à sua família; e o terceiro, à educação das crianças. Foram escolhidos à guisa de exemplo.

A leitura de *A República* permite encontrar muitos outros.

* * *

Na utopia de *A República*, dirigentes, soldados e policiais não podem ser proprietários de nada. Para que não se sintam tentados a aumentar seu patrimônio por meio do exercício do poder. Eles vivem em casas do Estado. Com o estrito necessário para desempenhar suas funções.

Nem exageradamente humildes nem luxuosas.

Lembra quando falamos de Maquiavel e do candidato rico que diz que não vai roubar porque já é rico?

Pois acredite: Platão também falou dele, quase dois milênios antes.

– Mas o quê?

Diz que os que têm nunca pensam ter o suficiente. Pretenderão, com o exercício do poder, acumular ainda mais. E a escala dos ganhos desonestos cogitados será sempre compatível com os recursos de que já dispõem.

Por isso, a proposta de Platão é simples: entra com zero e sai com zero (de propriedades).

Como servidor do Estado, terá, ao longo desse serviço, o que for necessário para exercê-lo com excelência. Será mantido pelos cidadãos com o justo salário para não precisar se preocupar com nada além do Estado. Dia e noite.

* * *

Na utopia de Platão, os dirigentes não têm família. Os vínculos familiares são atravessados de muitos afetos. Se o dirigente pensa na sua família, poderá ser tentado a dar-lhe a primazia, em detrimento das coisas do Estado. A família pode representar para o dirigente motivo de dilemas éticos que Platão quer evitar.

O filósofo parece suspeitar de que, mesmo sendo o dirigente honesto e bem-intencionado nas questões de Estado, se porventura tiver algum familiar que queira se aproveitar da sua condição para obter alguma vantagem indevida, colocará o governante em dramática saia justa.

Liberdade: fato ou ilusão?

E, mesmo no caso de um familiar não propriamente indigno, só o fato de querer trabalhar com quem conhece ou em quem confia (nepotismo) já implicará uma confusão indevida para a gestão do Estado.

* * *

Nessa utopia, eis o elemento mais polêmico: os filhos são educados pelo Estado. Não permanecem, portanto, com seus familiares. Por uma questão de justiça, antes de tudo.

Uma criança poderá, em função de variáveis que para ela são estritamente contingentes, ser educada numa família com genitores excelentes, em ótimas condições para o florescimento das virtudes, enquanto outra, também por obra do acaso, será pessimamente educada ou não terá nenhuma educação.

Com uma educação oferecida pelo Estado e educadores – servidores públicos – preparados para a tarefa, os infantes terão condições mais parecidas de formação de seu espírito e corpo. Essa educação deve permitir aos educandos um conhecimento profundo de si mesmos. E à sociedade, o encaminhamento social de acordo com a natureza de cada um.

Fim dos parênteses sobre a República de Platão.

* * *

Por se tratar de uma construção racional, o escopo maior de uma produção utópica não coincide com o da produção literária, fantástica, romanceada.

Claro que as obras filosóficas de utopia podem contar com personagens, tramas, situações dramáticas e muitos outros recursos da literatura.

Queremos dizer que, nas utopias, importa mais a racionalidade da construção do que a estética literária da obra. Trata-se de um modelo que deve funcionar. Não um delírio descomprometido com toda aplicabilidade.

* * *

Para haver iniciativa de uma produção utópica, é preciso alguma insatisfação. Encontros com um mundo que reduz potência. Que vai apequenando dia a dia. Percebido como causa de paixões tristes.

Um mundo mau. No caso de Platão, a República resulta da insatisfação com a Atenas democrática do seu tempo.

Toda utopia é uma reação a esse mundo indesejado. E, portanto, ao tempo em que nele vivemos. Ao momento da sua percepção. Um repúdio ao presente imediato.

Apresenta-se, assim, como um antídoto em face das mazelas da vida naquele tempo e lugar. Uma saída. A imaginação de um mundo que antes de tudo é muito diferente daquele em que vivemos.

Trata-se de um pensamento, por vezes sofisticado e organizado, que traduz um imenso desconforto.

Em outras palavras, indo na contramão:

Um mundo, sociedade ou comunidade que assegure – aos que ali vivem – intensidade, plenitude e realização não pode ser berço de pensamentos utópicos.

– Liberdade para imaginar. Pelo menos essa!

* * *

Se toda construção utópica apresenta um mundo melhor do que o vivido pelo autor, cabe a pergunta: o que "melhor" quer dizer?

– Meio elementar demais, não???

– Sei que se aborrece comigo. Faço perguntas que enfadariam um infante. Tamanha a obviedade. "Melhor" indica tudo aquilo que no mundo tem mais valor do que outra coisa qualquer com a qual é comparada. Não há melhor em si. Sempre em relação a.

Muito bem. O mais importante você disse. Melhor é coisa de valor. Por isso mesmo, não há utopia sem valor. Daí decorre sua motivação ética e política. O mundo imaginado nos move em direção a algum tipo de aperfeiçoamento. Individual e coletivo.

– Nunca tinha enxergado *Utopia* como um livro de ética!!!
– Para deixar as coisas mais claras para você.

Na utopia imagina-se um mundo. Cujo valor é sempre entendido, por quem imagina, como superior ao mundo percebido. Onde a vida seria mais plena. A convivência e a sociedade seriam mais justas. E onde o indivíduo poderia se realizar.

A intenção primeira do pensador utopista é tornar pública uma reflexão a respeito de como deveria ser a vida, a convivência, as interações entre as pessoas e o resto do mundo, a vida na cidade, seus governos, etc.

* * *

– A utopia não é o lugar da impossibilidade. E sim o lugar que, ao menos por enquanto, ainda não existe. Mas que poderia vir a existir. Como resultado da iniciativa orquestrada de homens e mulheres, movidos pelo mesmo ideal.

– Temos que aceitar que, se uma realidade nunca existiu em parte alguma, sua ocorrência não deve mesmo ser muito fácil. Tampouco provável.

– Exatamente. Seja pela refutação dominante de seus valores, seja pela incompatibilidade em face dos interesses das forças hegemônicas, etc.

"Mas, vale enfatizar, não há no coração de uma utopia a ideia da barreira intransponível da impossibilidade.

Toda utopia serve, portanto, de referência. Um farol que ilumina o caminho das transformações na direção imaginada. Tomada por conveniente."

* * *

Uma utopia pode indicar uma realidade – apenas imaginada, claro – em tempos do passado. Como aqueles relatos que começavam com "Era uma vez...".

Pode também fazer alusão a uma experiência de vida coletiva – sempre só cogitada – contemporânea ao relato. Do tipo "neste momento de 2021, em que estou escrevendo, do outro lado do mundo, na imensidão do deserto da Jenjúria, bem no fundo dos grotões de Kianis...".

Mas o relato utópico pode ainda referir-se a uma realidade imaginada em tempos futuros, ainda não vividos. Nesse caso, além de utopia, há ucronia. Um não lugar, em tempo futuro. Que pode ser bem definido, com data e tudo, ou não.

Lembremos, na utopia e na ucronia, o mundo imaginado é bom, é do bem, é justo, de liberdade, felicidade, realização e plenitude.

* * *

Para a galera de hoje em dia, mergulhada no senso comum, como você diz, essa história de utopia é coisa de gente que não tem o que fazer, já que nunca se realizará.

Ou coisa de subversivo, como diria o meu velho pai. Gente que quer bagunçar o coreto. Atentar contra a ordem vigente e tirar tudo do lugar.

Olha aí! Até a liberdade de ficar imaginando um mundo que não existe está no olho do furacão.

* * *

Na cabeça dos seus autores, qual o intuito maior de uma construção como essa?

Certamente um livro, como a *Utopia* de Morus, terá servido ao entretenimento de muitos. Quem sabe até a um ganho de erudição. De uso social recomendado nas rodas de gente pomposa. Mas, certamente, não era essa a sua principal intenção.

Autores em geral podem fazer publicar seus escritos pensando na própria notoriedade. Um investimento do capital social. Em busca da distinção que uma obra intelectual costuma proporcionar. Da glória e do aplauso, a partir de estratégias acadêmicas e de salões literários.

Liberdade: fato ou ilusão?

Tudo isso pode, sim, contar.
Mas eu acho que o principal intuito desses autores seja outro.
– Eu também acho.
Pretendem – por intermédio de suas construções racionais – oferecer, a governantes e cidadãos, um modelo de Estado, de cidade, isto é, uma alternativa ao efetivamente vivido, para que considerem a pertinência e a possibilidade de se aproximarem – por meio de suas decisões políticas, de suas leis – da vida e da convivência sugeridas como ideais em suas utopias.
Trata-se, portanto, de um convite. A uma realização. A uma transformação de uma realidade efetivamente vivida em outra, por ora apenas imaginada.
E todo o custo dessa iniciativa se justificaria pelo ganho de bem, de justiça e de virtude que o novo Estado, a nova cidade, o novo espaço de interação proporcionaria a todos que o integrassem.

* * *

Tal como prometido, esses esclarecimentos a respeito de utopia deixaram a cama feita para a distopia.
– Puxa. Finalmente.
– Como a viagem é longa, esses longos parênteses ajudam a matar o tempo.
Utopia e distopia, como você certamente supõe, não são sinônimos. Longe disso. Mas que apresentam elementos de proximidade e oposição que justificam amplamente este longo passeio.
Foi o filósofo inglês John Stuart Mill, lá pela metade do século XIX, em discurso no Parlamento, que usou o termo distopia.
O que de imediato vem à cabeça sobre essa última é tratar-se do contrário da utopia. Tanto que muitos a denominam antiutopia.
Enquanto aquela descreve um mundo melhor para o homem, um Estado ideal, de máxima felicidade e concórdia entre os cidadãos, uma sociedade perfeita, a distopia antecipa cenários ainda piores que os vividos no tempo da sua produção.

Na literatura de distopia, as pessoas e as sociedades estão submetidas a um governo tirânico, com domínio ilimitado sobre os cidadãos. As leis asseguram a reprodução daquela dominação. O monitoramento é ininterrupto e rigoroso. A perseguição e a punição de insubmissos são exemplares.

De fato, é isso mesmo. O mundo imaginado pelo autor é julgado por ele como o que há de pior. Uma sociedade injusta e uma vida humana degradada.

Utopias e distopias têm papel didático. A primeira se objetiva num prêmio a alcançar. A segunda, num castigo a evitar.

A ideia que parece estar por trás de toda distopia é mais ou menos esta: "Se as coisas continuarem indo do jeito que estão indo, vejam só onde nós vamos parar em pouco tempo".

Mas isso de que uma seja só o contrário da outra é falso. Há também pontos de tangência notáveis.

Em ambos os casos, há produção da mente. Atividade imaginativa. Construção racional, mais ou menos sofisticada, segundo o autor.

Ambas referem-se, portanto, a um não lugar. A uma realidade sociopolítica apenas imaginada.

Tanto utopias quanto distopias resultam de profunda reflexão ética e política, com consequências existenciais de monta.

As distopias podem ser vistas como utopias que desandaram no meio do caminho. Por exemplo, a sociedade de consumo, hoje vista como alienante, integrou cenários utópicos em outros tempos. Nas sociedades distópicas, os heróis pagam caro pelas escolhas das gerações que os precederam.

* * *

A propósito, cito aqui o trecho de uma extensa carta escrita pelo poeta Carlos Drummond de Andrade ao também poeta e amigo Manuel Bandeira. Diz assim:

"Estranhas perspectivas de um mundo que se deseja banhado de liberdade e funcionando em harmoniosa coexistência de temperamentos e tendências. Aspiramos a uma terra pacífica, através da crescente militarização dos espíritos, para já não falar na preparação bélica total. Pretendemos o congraçamento humano, eliminando a divergência política ou estética. E fazemos da injustiça, da incompreensão e do ódio os veículos de uma distante e soturna justiça, a ser desfrutada por alguns eventuais sobreviventes".

Um mundo que se deseja banhado de liberdade. Que se deseja. Um banho em águas tão cristalinas que ainda não conseguimos tomar. Por isso, só um desejo. Uma esperança, talvez. Animando viventes saltitantes, que docemente retornam ao curral. Passando todo dia pela mesma porteira estreita que se impõe a cada vez, sem jamais assustar o rebanho.

Capítulo último

Encha a casa de divertidos convidados, o tempo que puder!

Fim de jornada. Quase 24 horas depois.

* * *

Na solidão do quarto, o silêncio sufoca. Não consigo pegar no sono sem assistir a um pouco de televisão. Alguns são como eu, dizem-me. Alérgicos ao silêncio.

Havia do que estar cansado. Exausto. Nada mais óbvio do que adormecer em paz. Desligando aos poucos. Com o espírito apaziguado clamando por recesso. Mas nunca foi assim. E não haveria de ser naquela madrugada.

Na televisão, novelas antigas ficam gravadas por algum tempo. Medida que permite a espectadores como eu, com vida sem dia a dia, assistir a elas

Liberdade: fato ou ilusão?

quando dá. Mas na TV também passa futebol. A reprise de alguma partida da fase classificatória do campeonato carioca, por exemplo.

Nos canais internacionais, já é dia seguinte. Com notícias e programas matinais. Há um pouco de tudo. Destinados a quem fica em casa pelas manhãs.

Por que preciso tanto desse magma de sons e imagens?

Sempre que me faço essa pergunta, é Pascal que vem à mente. E pede licença com a mesma frase, a cada vez:

"Toda a infelicidade dos homens advém de uma única coisa: não saber permanecer em repouso em seu quarto".

O que quis dizer com isso? Com que direito propõe reflexão tão ajustada ao que sempre experimentei em meu quarto, ao longo da vida inteira? Se o abajur que me acompanha desde a infância tivesse consciência genial de filósofo, não conseguiria propor nada mais pertinente sobre mim.

* * *

Esse repouso. Comecemos por ele. Esse mesmo, inacessível quando estamos no quarto. É o oposto da agitação. Da turbulência da alma que Sêneca tão bem descreve em livro com esse título. Ausência, portanto, de quietude, de serenidade.

Mas o que nos impede de repousar?

Para muitos, a condição humana seria marcada por essa agitação. Faria parte da nossa natureza. Resultaria do fato de habitarmos um mundo que não fica quieto. Não para nem dá sossego. Em permanente transformação. Que nunca é idêntico a si mesmo. Feito de átomos irrequietos que ora se chocam e se afastam, ora se juntam, aglomeram-se por certo tempo.

Fica fácil pensar assim. Se fazemos parte de um mundo em movimento, não caberia supor muito repouso para a nossa vida.

Afinal, por que, em meio a tudo, só o nosso corpo estaria imune ou blindado a esse vuco-vuco sem fim?

Pois é. E não para por aí.

Não somos só membros, tronco, cabeça, vísceras e que tais.

Há espírito em nós. Algo que teima em pensar. Em nos encher a cabeça de ideias.

De há muito nos demos conta de que as coisas do corpo guardam com essa instância espiritual pensante, criativa, imaginativa e sonhadora que habita em nós íntima vinculação.

Ora, se assim é, o corpo vitimado pelo movimento acaba trazendo o espírito para dançar. Perturbando-o como todo irmão mais novo faz com o ídolo da cama ao lado.

Nossa alma nunca está tranquila, ou em repouso, simplesmente porque a vida do espírito é vida e não se aquieta enquanto vive. Por isso, sempre haverá alguma coisa sendo gestada na intimidade da nossa consciência febril.

– Posso saber em que você está pensando? – pergunta a mãe preocupada com a apatia do filho.

– Nada, não! – mente o filho sem convicção alguma, engasgado com tanto problema.

Esvaziar o espírito é tão raro que nossos irmãos campeões em meditação fazem disso um grande desafio. E investem muito de seu tempo e dedicação para alcançá-lo.

* * *

O espírito pode se agitar por obra de nossa vontade. Como na primeira fase da Fuvest ou no Enem. Nesse caso, você comanda.

– Não é tão irrequieto? Não gosta tanto de se agitar? Então agora resolve aí essa soma de matrizes, pelo amor de Deus!

O espírito pode também vagabundear por conta própria. Costuma acontecer quando a atividade do corpo é repetitiva. Ou não solicita dele especial acuidade.

Essa imensa dificuldade de imobilizá-lo, de colocá-lo para dormir, essa necessidade que é a sua de refletir, de antecipar, de lembrar corresponde ao não saber ficar em repouso no quarto denunciado por Pascal.

Liberdade: fato ou ilusão?

* * *

Platão destaca a falta. A nossa própria condição. Uma incompletude. Somos imperfeitos. Somos mortais. E conscientes da nossa finitude. De que nada que nos diz respeito é eterno. E que, portanto, tudo em algum momento chega ao fim.

Esta vida que é a nossa, com plena consciência da própria morte que se aproxima, é o que Heidegger chama de existência. Existir é viver com consciência do fim. Em contraste com todos os demais viventes na natureza, que carecem dessa consciência. E, portanto, vivem sem existir.

Eis a raiz do problema. No lugar de simplesmente viver, existimos. E a ideia de que tudo termina nos devasta. Parece-nos absurda.

Para que tanto empenho em viver se o fim é esse? Essa certeza está na origem da nossa angústia. Essa de saber que mais dia, menos dia cada um de nós simplesmente chegará ao fim.

É absurdo ter de aceitar que tudo que fizemos desaparecerá para nós. Que, numa fração de segundo, viveremos o nosso próprio fim do mundo.

Angústia!

* * *

O que fazer para dar cabo dessa sensação tão medonha?

Deixar de pensar na finitude, uai. Tirar essa ideia da cabeça, como dizem.

Nesse momento, Pascal reaparece. E nos propõe reflexão sobre o divertimento.

Etimologicamente, tem a ver com desvio. Como na bifurcação em duas vias. Em vez de continuar na principal, você opta pela outra.

Pois o divertimento, na proposta de Pascal, também é um desvio. Solução alternativa. Que ocupa o lugar da ideia da nossa própria finitude. E que nos permitiria contornar ou mitigar a angústia que produz.

No divertimento, há um esquecimento que vem bem a calhar. Que nos protege. Que nos blinda da angústia. Que nos distrai de nossa própria condição. Um esquecimento de quem somos. Um abandono provisório de nossa trilha metafísica.

Divertir-se é esquecer quem somos. Pelo tempo que o divertimento durar. O que já é alguma coisa.

Sem esse esquecimento, nossa existência seria insuportável. A certeza de que tudo que levamos a cabo, que implementamos, que fazemos advir, que executamos não leva a absolutamente nada. Uma via a caminho de lugar algum.

O divertimento nos salva a conta-gotas. É o que temos para escapar desta fatídica sina.

* * *

Lazer?

Por que não? Jogos, talvez. Põem o tempo em suspensão. Enquanto estamos entretidos, com mais gente, em busca de troféus de valor combinado, acabamos por deixar um pouco de lado essa história de que a morte está à espera, para lá da porta.

Trabalho?

Mesmo quando repetimos, para integrar grupos de repetidores, que o trabalho nos esgota e que a hora feliz é quando ele acaba, o certo é que, enquanto estamos na lida, a morte como ideia tem que esperar lá fora.

Não é à toa que muitos de nós desenvolvemos verdadeira dependência desse tipo particular de divertimento laborioso que tem o mérito adicional de contar com o aplauso de quem convive.

Afastar a ideia de morte bebendo e jogando sinuca com os amigos tem implicações sociais distintas de quem passa o dia inteiro no escritório comendo o pão que o diabo amassou para trazer algum outro para casa abençoado pelos deuses.

O trabalho ocupa a mente. E desaloja temporariamente a oficina do diabo.

Liberdade: fato ou ilusão?

– Ter no que pensar é não poder pensar em besteira – já sentenciava dona Geni, mãe de minha mãe, sem nunca ter lido Pascal.

* * *

O pensamento confrontado a si mesmo só pode nos levar por maus caminhos. E nos trazer de volta essa experiência antecipada de autoaniquilamento. Impor-nos goela abaixo o espetáculo da própria destruição.

A ideia da própria morte, essa sempre aparece sem ser convidada. Penetra indesejável. É preciso encher a casa de divertidos convivas para que ela não encontre por onde se esgueirar.

Melhor deixar a televisão ligada.

Melhor ainda, ver se alguém mandou mensagem no celular. Às vezes a agenda do dia seguinte cai por terra num piscar de olhos.

Tem um áudio da Regina. Ainda bem que eu cheguei.

* * *

Oi, Clóvis, aqui é a Regina. Tô deixando esse áudio com a sua agenda da semana para você ouvir quando chegar aí na *Piauí*.

Amanhã você tem logo de manhã palestra no Transamerica, e você vai ter que falar pros clientes que não pode ficar para o almoço porque vai ter que sair correndo porque você vai ter meia hora para chegar no aeroporto para ir a Belém e não tem outro voo a tempo.

Em Belém quem vai te receber é o senhor Tiago, ele vai te levar no teatro municipal onde vai ser a palestra. Terminando lá ficou combinado que você almoça com eles. Aí ele já vai te levar ao aeroporto porque você precisa ir para Recife para a palestra da noite. Vai ter um tempinho de espera no aeroporto, tá?

Em Recife é o Antenor o seu motorista. Já está todo mundo avisado que você precisa do retorno, está até em contrato que tem que ter a mesa de som, tá? Porque lá o lugar não vai ter acústica, é na própria empresa. Então não esquece de pedir para instalarem.

Você vai ficar hospedado na Avenida Boa Viagem, tá? O cliente fez questão de avisar que o frigobar não está incluso, ok? Eu sei que você não costuma usar, mas me falaram tantas vezes que estou só te avisando.

O Antenor mesmo vai te buscar às três da manhã da terça, porque você tem voo para Brasília às 5h15 horário de partida. A agência pediu para você chegar duas horas antes porque o superintendente da América Latina vai estar lá e queria fazer um *briefing* com você e só tem esse voo.

De Brasília você vai para Navegantes para a convenção de vendas naquele *resort* da sunga da bandeira do Japão. A motorista é a mesma da última vez, a Florinda. Depois da palestra você tem que ir para Curitiba de carro, a gente combinou que a Florinda mesma que vai te levar direto para a reunião com o pessoal da faculdade que você vai dar aula magna.

Aí na quarta para a palestra de Porto Alegre temos ainda que fazer o *check-in* do voo. O Marcial vai te encontrar lá e vai com você para a palestra e depois te convidou para um churrasco na casa dele. Só não vai se divertir muito porque você faz uma escala em São Paulo para ir para Manaus. Você chega em Manaus à uma hora da manhã. Presta atenção na plaquinha que pode ser que esteja com o nome do evento. O evento chama "Líderes do futuro".

Quinta você volta para São Paulo só de tarde e vai para a Avenida Paulista para a palestra das 21h, no auditório do Masp. Saindo de lá tem o jantar que você pediu para marcarmos na agenda. E aí na sexta você está mais tranquilo porque as duas palestras serão em São Paulo. Na sexta o Gustavo vai com você, mas amanhã você pega o voo sozinho porque ele tem aula. Um beijão e bom descanso aí.

– Sozinho não, Regina. Vamos eu e o glamour.

* * *

Liberdade?
Já sei. Você acha que essa agenda vai me arrebentar!

Liberdade: fato ou ilusão?

Não se preocupe. Ainda deu tempo de me lembrar da última cena de Mozart. Com Salieri em destaque. Eu mesmo o absolvo. Sou patrono da mediocridade.

Sempre com uma jaula de reserva. Para o caso de algum libertador abelhudo resolver se meter onde não é chamado.

Preso. Irremediavelmente.

E o que é pior: agarrado na gosma da covardia, espero o tempo passar. Pedindo clemência ao acaso. Por alguma amenidade aos dias que restam.